I GING

Das Orakel- und
Weisheitsbuch Chinas

*Mit einem Kommentar
von Hanna Moog*

Knaur®

Dieses Buch wurde auf chlor- und säurefreiem Papier gedruckt.

Originalausgabe September 1994
© 1994 Droemersche Verlagsanstalt Th. Knaur Nachf., München
Das Werk einschließlich aller seiner Teile ist urheberrechtlich
geschützt. Jede Verwertung außerhalb der engen Grenzen des
Urheberrechtsgesetzes ist ohne Zustimmung des Verlages unzu-
lässig und strafbar. Das gilt insbesondere für Vervielfältigungen,
Übersetzungen, Mikroverfilmungen und die Einspeicherung
und Verarbeitung in elektronischen Systemen.
Umschlaggestaltung Graupner & Partner, München
Satz DTP ba · br
Druck Himmer, Augsburg
Bindung AIB, Augsburg
Printed in Germany
ISBN 3-426-86053-8

2 4 5 3 1

Die Reihe »Spirituelle Wege« präsentiert essentielle Texte aus verschiedenen Zeiten, Kulturen und Religionen. Alle Titel verbindet eine gemeinsame Botschaft: Der Grund unseres Universums ist eine umfassende liebende Kraft, die unser Begriffsvermögen übersteigt und der wir uns daher nur durch partielle spirituelle und geistige Erkenntnisse nähern können.

Die vorliegenden Weisheitsbücher entstammen folgenden Kulturen und Religionen: Konfuzianismus, Hinduismus, Christentum, Judentum und Islam. Als Klassiker der Spiritualität sprechen neun Bände dieser Reihe unseren Geist und unsere Seele an. Damit aber auch der Körper, »das Haus des Geistes«, genährt wird, enthält »Spirituelle Wege«, stellvertretend für andere körperorientierte Techniken, ein Buch über Qi-Gong. Wenn wir uns im Grenzbereich zwischen Körper und Geist bewegen, stellen wir fest, daß Materie und Geist keine Gegensätze sind, sondern verschiedene Ausdrucksebenen *einer* Kraft.

Mit dieser Pocketreihe wünschen wir Ihnen gute Reise auf *Ihrem Weg*.

SPIRITUELLE WEGE

Herausgegeben
von Gerhard Riemann

In den Zeichnungen auf Seite 14 und 16 ist uns leider ein Fehler unterlaufen. Die richtigen Zeichnungen müssen wie folgt aussehen:

Seite 14 oben:

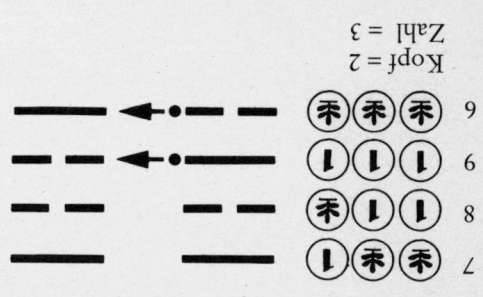

Kopf = 2
Zahl = 3

Seite 16:

ungewandeltes Hexagramm   *gewandeltes Hexagramm*

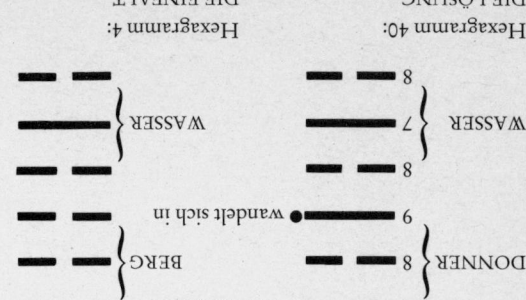

Hexagramm 40: DIE LÖSUNG   Hexagramm 4: DIE EINFALT

Wir bitten das Versehen zu entschuldigen. *Der Verlag*

Inhalt

Ein Wahrsager wirft das Schafgarbenorakel

Einleitung

Die Grundlagen

Das altchinesische I GING, übersetzt: »Das Buch der Wandlungen«, ist eines der großen Weisheitsbücher der Welt. Taoismus und Konfuzianismus und alle chinesischen Wissenschaften haben aus dieser Quelle geschöpft und ihrerseits die älteren Texte neu interpretiert und umfangreiche Kommentare hinzugefügt.

Wenn dieses Weisheits- und Orakelbuch auch heute, dreitausend Jahre nach seiner ersten Textfassung, nichts von seiner Aktualität eingebüßt hat, so ist dies wohl der überzeugendste Beweis für seinen universellen Charakter. Über alle Zeiten und Räume erhaben, kündet es von den immerwährenden Gesetzen, die alles Weltgeschehen bestimmen. Makrokosmos und Mikrokosmos, Natur und Menschenwelt werden darin als Einheit verstanden. Somit ist der Weg des Menschen Teil eines in ständiger Entfaltung begriffenen Schöpfungsprozesses, der sich durch Wandlung vollzieht. In Kenntnis der Wandlungsgesetze, wie sie in den 64 Hexagrammen (Zeichen aus je sechs Linien) des I GING verschlüsselt sind, kann der Mensch bewußt mitschöpferisch und verantwortlich die Zukunft gestalten.

Der mythische Ursprung des I GING weist in die Zeit des chinesischen Altertums, etwa dreitausend Jahre vor unserer Zeitrechnung. Aus dieser Zeit sollen die acht Trigramme stammen, die später, zu Paaren angeordnet, das System der 64 Hexagramme ergaben. Neuere Forschungen durch den Sinologen Frank Fiedeler* zeigen, daß die 64 Hexagramme des I GING einen äußerst differenzierten Mondkalender darstellen, der alle Rhythmen dieses Himmelskörpers in verschlüsselter Form widerspiegelt. Tatsächlich liefert der Mond in seinen wechselnden Erscheinungsbildern ein genaues Abbild aller denkbaren Konstellationen von Mond, Sonne und Tierkreiszeichen im Ablauf eines Jahres. Daß der nächtliche Himmel die Urbilder für die Erschaffung des I-GING-Systems abgab, geht aus einem alten I-GING-Kommentar hervor, in dem es heißt: »Indem (die heiligen Menschen) im Dunkeln von den göttlichen Lichtern unterwiesen wurden, schufen sie das Orakel.« Schamanische Erzählmotive, astrologische und kalendarische Bezüge in den I-GING-Texten sind Nachklänge jener frühen Zeitschichten.

---

* Frank Fiedeler: *Die Monde des I Ging.* München 1988.

Das Niederschreiben der ersten Texte zu den Hexagrammen wird traditionell König Wen und seinem Sohn, dem Herzog von Chou, zugeschrieben (um 1100 vor unserer Zeitrechnung). Etwa 600 Jahre später haben Konfuzius und seine Schule den *Urteilen* und Bildern Kommentare hinzugefügt, die seine Auffassungen vom Wesen des Staates und von den sittlichen Anforderungen an den Menschen widerspiegeln. Diese Auffassungen haben ihren Niederschlag auch in den hier vorliegenden Texten des I GING gefunden. Um das Verständnis zu erleichtern, habe ich den Texten zu den *Wandlungslinien* eigene Kommentare hinzugefügt.

Zu den aufregendsten Entdeckungen der letzten Jahrzehnte gehört die Erkenntnis, daß das System des I GING, sozusagen der I-GING-Code, in Aufbau und Inhalt exakte Parallelen zum genetischen Code aufweist*, ein Umstand, der dem I GING auch den Namen »Urformel des Lebens« eingetragen hat. So wie der genetische Code alle vergangenen Menschheitserfahrungen und alle zukünftigen Möglichkeiten der Evolution in äußerst verdichteter Form in sich gespeichert hat, so birgt der Meistercode des I GING alle geistigen und seelischen Erfahrungsmöglichkeiten eines

---

*   Martin Schönberger: *Verborgener Schlüssel zum Leben.*
     Bern und München 1973. Katya Walter: *Chaosforschung,*
     I Ging und Genetischer Code. München 1992.

Menschen. Bezeichnenderweise werden die acht Trigramme auch »Keime« genannt, die Vergangenheit und Zukunft in sich vereinen.

Die zwei grundlegenden Elemente des I-GING-Codes sind *Yin* und *Yang.* Alles Leben auf dieser Welt ist Ausdruck des Wechselspiels dieser beiden polar aufeinander bezogenen Grundkräfte. Sie stehen für alle denkbaren Gegensatzpaare: weich/fest, dunkel/hell, feucht/trocken, Einatmen/Ausatmen, Zusammenziehen/Ausdehnen, Nacht/Tag, das Weibliche/das Männliche usw. Dabei ist zu beachten, daß das Weibliche zwar durch *Yin* verkörpert wird und das Männliche durch *Yang,* daß aber der Umkehrschluß nicht gilt: *Yin* ist nicht die Frau, und *Yang* ist nicht der Mann. *Yin* und *Yang* sind vielmehr universelle, komplementäre Seinsweisen, die in allen Menschen und Ereignissen zu finden sind. Auch können beide, *Yin* ebenso wie *Yang,* in einer Situation »gut« und in einer anderen »schlecht« sein, je nachdem, wie die jeweilige Zeitqualität und die besonderen Umstände beschaffen sind.

Yin und *Yang* sind nicht statisch zu denken, sondern als Kräfte, denen eine je eigene Dynamik innewohnt. Hat beispielsweise das *Yin* den Punkt seiner größten Verdichtung erreicht, so schlägt es um – es »wandelt sich« – in *Yang.* Hat das *Yang* den Punkt seiner größten Ausdehnung erreicht, wandelt es sich in *Yin.* Auf diese Weise steht jedes Hexagramm mit jedem anderen in einer unsichtbaren Verbindung, die sich im konkreten Fall während der Orakelbefragung offenbart.

Der ursprüngliche Kalendercharakter des I GING deutet darauf hin, daß die *Zeit* beziehungsweise der richtige *Zeitpunkt* in den Auskünften des Orakels eine zentrale Rolle spielt. Anders als im gewohnten linearen Denken des Westens stellt die Zeit im I GING nicht eine bloße Aneinanderreihung gleichartiger Zeitabschnitte dar, sondern sie verläuft in Zyklen, die unterschiedliche Zeitqualitäten aufweisen. Die jeweils vorherrschende Zeitqualität zu erkennen und das eigene Tun mit ihr in Einklang zu bringen ist eines der Hauptziele jeder Orakelbefragung.

Chinesische Lackmalerei, 8. Jh.

Die Orakelbefragung mit Hilfe von Münzen

Um Antwort auf eine Frage zu erhalten, geht man folgendermaßen vor:

1. Man schreibt die genaue Fragestellung auf.
2. Man benötigt drei gleiche Münzen, die sechsmal hintereinander geworfen werden. Jeder Wurf dient der Ermittlung einer der sechs Linien, aus denen ein Hexagramm besteht. Jeder Wurf kann eine der vier folgenden Konstellationen ergeben:

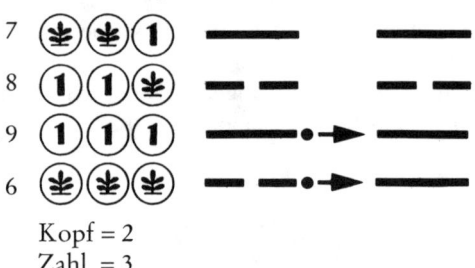

Kopf = 2
Zahl = 3

Dem »Kopf« der Münze ist der Wert 2 zugeordnet, der »Zahl« der Wert 3. Aus der Summe dieser Werte ergibt sich die Art der Linie:

Summe 6 = ▬▬ ▬▬● wandelt sich in ▬▬▬▬

Summe 7 = ▬▬▬▬ bleibt ▬▬▬▬

Summe 8 = ▬▬ ▬▬ bleibt ▬▬ ▬▬

Summe 9 = ▬▬▬▬● wandelt sich in ▬▬ ▬▬

Ein Hexagramm wird von unten nach oben aufgebaut, das heißt, die zuerst geworfene Linie ist die unterste, die zuletzt geworfene die oberste Linie. Jedes Hexagramm besteht aus zwei Trigrammen. Den acht Trigrammen werden folgende Haupteigenschaften zugeordnet:

	der HIMMEL	schöpferische Kraft/Geist
	die ERDE	Empfänglichkeit/Materie
	der SEE	Freude/heitere Gelassenheit
	der BERG	Anhalten/Stille
	der DONNER	Erregung/Aktivität
	der WIND	sanftes Eindringen/Nachfolgen
	das WASSER	Fließen/Gefahr
	das FEUER	Anhaften/Bewußtheit

Beispiel: Der erste Wurf ergibt die Summe 8, der zweite die Summe 7, der dritte die Summe 8, der vierte die Summe 9, der fünfte die Summe 8, der sechste die Summe 6. Aus diesen Würfen ergeben sich *zwei* Hexagramme, wobei das erste Hexagramm die noch nicht gewandelte Form darstellt, das zweite aber alle Wandlungen berücksichtigt.

ungewandeltes Hexagramm	*gewandeltes Hexagramm*

| Hexagramm 40: | Hexagramm 4: |
| DIE LÖSUNG | DIE EINFALT |

Um die Nummern der erhaltenen Hexagramme zu ermitteln, zerlegt man jedes Hexagramm in ein unteres und ein oberes Trigramm. Das zuerst erhaltene Hexagramm besteht aus den Trigrammen WASSER (unten) und DONNER (oben), das gewandelte Hexagramm aus WASSER (unten) und BERG (oben). Die Tabelle auf S. 284f. hilft beim Auffinden der entsprechenden Hexagrammnummern.

Als erstes liest man den Namen des ungewandelten Hexagramms. Jedes der 64 Hexagramme steht für einen urbildlichen Aspekt des menschlichen Lebens. Der Name des Hexagramms und die anschließende praktisch-philosophische Aussage verweisen auf das Generalthema, das durch die Frage angesprochen wurde.

Es folgt *Das Urteil*, eine Analyse des Themas und eine Aussage über die Art der Beziehungen zwischen den Kräften und Eigenschaften, die durch die beiden Trigramme verkörpert werden. *Das Bild* nimmt dann nochmals Bezug auf die beiden Trigramme, aus denen sich das Hexagramm zusammensetzt. Aus der Dynamik, die durch die jeweilige Verbindung entsteht, wird dabei häufig eine Empfehlung abgeleitet, wie zum Beispiel: »Donner und Wind haben DAUER; so treten edle Menschen für etwas ein und weichen nicht von der Stelle.« (Hexagramm 32: DIE DAUER).

Der klassische Konfuziustext, der den Kern des I GING bildet – in der vorliegenden Ausgabe »Urteil« und »Bild« der 64 Zeichen – wird hier in Anlehnung an die Übersetzung von Thomas Cleary (»I Ching, The Book of Changes«, Boston 1992) wiedergegeben. Der *Name* des Hexagramms, *das Urteil* und *das Bild* sollten in jedem Fall als erste gelesen werden.

Es folgen nun Texte zu jeder der sechs möglichen *Wandlungslinien* eines Hexagramms. Jede Wandlungslinie repräsentiert einen spezifischen Aspekt des Hexagrammthemas, der die aktuelle oder künftige Situation des Fragestellers oder des Gegenstandes, auf den sich die Frage bezieht, exakt beleuchtet. Von Bedeutung sind aber jeweils nur die Linien, die sich im zuerst erhaltenen Hexagramm des Fragestellers *wandeln.* Wandeln sich mehrere Linien, so gelten sie in aufsteigender Folge, das heißt, die unteren Wandlungslinien werden zuerst Bedeutung gewinnen, die oberen zeitlich gesehen später. Wird eine Frage von einer Gruppe gestellt, so kann, je nach Fragestellung, jede Wandlungslinie sich auf ein anderes Mitglied der Gruppe beziehen, also unterschiedliche Strömungen oder Tendenzen innerhalb der Gruppe aufzeigen. Ähnliches gilt, wenn mehrere sich widersprechende Wandlungslinien erscheinen. Sie spiegeln in diesem Fall widersprüchliche Tendenzen in der Person des Fragestellers.

Zuletzt wird das gewandelte Hexagramm – ohne Linientexte – gelesen. Es zeigt an, wohin die Gesamtsituation tendiert, kann aber auch einfach eine wesentliche Ergänzung zum ersten Hexagramm darstellen, ohne zeitlich nachgeordnet zu sein.

Beispiel: Auf die Frage »Wie ist meine gegenwärtige Situation beschaffen?« erhält man als

Antwort Hexagramm 40: DIE LÖSUNG (s. o.), es wandeln sich die Linien 4 und 6 (von unten gezählt), und unter Berücksichtigung der Wandlungen erhält man als zweites das Hexagramm 4: DIE EINFALT. Hauptthema ist die LÖSUNG oder Befreiung aus einer schwierigen, gefahrvollen Situation: Die Bewegung/Aktivität (DONNER) führt heraus aus der Gefahr (WASSER). Die Linien 4 und 6 werfen nun ein Licht auf noch vorhandene Schwachstellen in der Person des Fragestellers und geben damit die Möglichkeit, sie bewußt anzugehen. In der 4. Linie wird geraten, sich von der »großen Zehe« zu befreien, das heißt, eine Haltung übergroßer Heftigkeit abzulegen, die einer Aufgabe, die vor einem liegt, nicht förderlich ist. – Für den Fragesteller bedeutet dies, sich zunächst auf diesen Hinweis zu konzentrieren und daran zu arbeiten. Den Hinweis der 6. Linie auf ein »letztes, starkes Hindernis, das der endgültigen Befreiung noch im Wege steht«, sollte man zunächst nur zur Kenntnis nehmen, gewissermaßen »im Hinterkopf speichern«. Wenn die Zeit kommt, auch dieses letzte Hindernis anzugehen, wird man sich daran erinnern. Sind schließlich die in den Linien angedeuteten Hürden überwunden, so tritt die in Hexagramm 4: DIE EINFALT beschriebene Situation ein. Das Thema ist die UNERFAHRENHEIT in bezug auf das, was vor einem liegt; sie entspricht dem WASSER, das unten am BERG entspringt und noch nicht weiß, welchen Weg es nehmen wird. In einer solchen Lage wird empfohlen, sich einen Lehrer/eine Lehrerin oder einen Meister/eine Meisterin zu suchen oder aber das Orakel als Ratgeber zu benutzen, denn Unerfahrenheit ist keine Schande, wenn man sie erkennt und sich für den Rat der Weisen öffnet.

Hanna Moog

Konfuzius empfängt einen Weisen

DIE HEXAGRAMME

Der Schütze Schen I, chinesischer Holzschnitt

1. Das Schöpferische
KIËN

Erhabenes Gelingen, wenn du aufrichtig und wahrhaftig bist.

Das Urteil

DAS SCHÖPFERISCHE: Unermeßlich ist die Erhabenheit des schöpferischen Urgrundes, aus dem alle Dinge und Wesen hervorgehen und der die ganze Schöpfung umfaßt.

Wie aus den Wolken im Vorüberziehen der Regen fällt, so fließen alle Dinge und Wesen in ihre Form ein. Wenn du ihre Lebensprozesse wirklich verstanden hast, wenn du weißt, wie sie beginnen und wie sie enden, nachdem sie die sechs Stufen* im Zeitablauf vollendet haben, dann reitest du die sechs Drachen** und kannst dir die Schöpfung nutzbar machen. Durch evolutionäre Umgestaltung wirkt der WEG des Schöpferischen, so daß alles zu seiner Wesensnatur findet und der Einklang im Großen bewahrt wird. Darin liegt das Förderliche für die, die aufrichtig und wahrhaftig sind. Wenn DAS SCHÖPFERISCHE sich zeigt, um das Volk zu leiten, sind alle Länder im Frieden.

* Gemeint sind die sechs Linien des Hexagramms.
** Symbol der schöpferischen Energie.

Das Bild

Das Wirken des Kosmos ist mächtig; edle Menschen nutzen es, um sich unermüdlich zu stärken.

Die Wandlungslinien

1 *Yang.* Verwende nicht den verborgenen Drachen. *Das Bild:* Laß den verborgenen Drachen ruhen, wenn die positive Kraft gering ist.
Kommentar: Die schöpferische Kraft ist zwar schon spürbar, aber sie ruht noch im Verborgenen. Es ist noch nicht an der Zeit, damit nach außen zu treten. Zurückhaltung ist das Gebot der Stunde, wenn du diese Linie bekommst.

2 *Yang.* Siehst du den Drachen auf dem Feld, so ist es fördernd, große Menschen zu sehen. *Das Bild:* Den Drachen auf dem Feld zu sehen bedeutet, daß sich dein Charakter, deine Qualitäten und Stärken auf alles auswirken, was du tust.
Kommentar: Hier tritt die schöpferische Kraft aus dem Verborgenen in die Erscheinung. Selbst wenn die Stellung noch bescheiden ist, wirkt doch dein Einfluß allein durch die innere Stärke deines entwickelten Charakters. Bewußt oder unbewußt bist du in positiver Resonanz mit den herrschenden Kräften auf fünftem Platz (»großen Menschen«).

3 *Yang.* Wenn edle Menschen den ganzen Tag mit Eifer tätig sind und sich noch am Abend

ihren Ernst bewahren, werden sie in gefahrvollen Situationen nicht fehlgehen. *Das Bild:*
Mit Eifer tätig sein bedeutet den Weg in uner-
müdlicher Gründlichkeit gehen.

Kommentar: Es stehen besonders starke Energien zur Verfügung, die in unablässiger Tätigkeit ihren Ausdruck finden. Selbst am Abend
beschäftigst du dich noch mit Überlegungen
und Plänen. Eine Gefahr könnte darin liegen,
daß du dich von Ehrgeiz besitzen läßt oder
äußere Anerkennung deine reinen Absichten
trübt.

4 *Yang.* Bisweilen darf man in die Tiefe sprin-
gen, ohne Makel. *Das Bild:* Daß man in die
Tiefe springen darf, heißt, daß die bisherige
Entwicklung ohne Fehler verlaufen ist.

Kommentar: Du bist am Scheideweg angelangt
und hast die Wahl: dich aufzuschwingen und
im Außen Großes zu leisten oder weiter in die
Tiefen der inneren Entwicklung hinabzusteigen. Spüre in dich hinein, und du wirst wissen,
welcher Weg deinem Wesen entspricht.

5 *Yang.* Sind die fliegenden Drachen am Himmel, so ist es fördernd, große Menschen zu
sehen. *Das Bild:* Fliegende Drachen sind am
Himmel, wenn große Menschen schöpferisch
tätig sind.

Kommentar: Die Tätigkeit hat nun eindeutig
ihre Richtung gefunden und ist im Einklang

mit den Gesetzen des Himmels. Was du nun unternimmst, ist von weitreichendem, segensreichem Einfluß. Du bist in starker Resonanz mit den Kräften auf dem zweiten Platz, die mehr der Erde zugewandt sind, so daß ihr euch in idealer Weise ergänzt.

6 *Yang.* Drachen, die zu hoch fliegen, werden bereuen. *Das Bild:* Die Drachen fliegen zu hoch, das heißt, die Fülle kann nicht ewig währen.

Kommentar: Der Aufstieg hat hier seinen Höhepunkt überschritten. Die Verbindung zur Realität droht verlorenzugehen. Hochmut könnte der Grund sein. Es ist eine Lage extremer Spannung, die vielleicht zu weiterem Handeln drängt, doch würde dies den Absturz in die Tiefe nur beschleunigen. Wenn ein Ziel erreicht ist, folgt naturgemäß eine gewisse Desillusionierung. Es wäre gut, sie als »die andere Seite der Medaille« zu erkennen und zu akzeptieren.

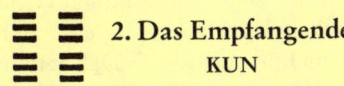

Erhabenes Gelingen, wenn du bist wie eine tugendhafte Stute*. Edle Menschen haben, wohin sie gehen können; verlieren sie zunächst den WEG, so ist es ihr Gewinn, wenn sie später ein Haupt finden, das sie leitet. Mit Yin-Gefährtinnen und ohne Yang-Begleiter herrscht Frieden. Es ist günstig, beharrlich und wahrhaftig zu sein.

Das Urteil

Wahrlich vollkommen ist die Erhabenheit der empfangenden Erde, die alle Wesen zur Welt bringt und im Einklang ist mit dem, was sie vom Himmel empfängt.

Der Reichtum der Erde trägt alle Wesen, ihre Tugend ist grenzenlos in ihrem Glanz und in ihrer Großzügigkeit und läßt alle Dinge und Wesen gedeihen.

Die Stute gehört zur Erde, sie schreitet über die Erde ohne Beschränkung, sanft und gelehrig, hilfreich und zuverlässig. Edle Menschen wissen, wohin sie gehen: Zuerst haben sie sich verloren und kamen vom WEG ab, dann folgten sie dem, was ewig währt, und erreichten es.

* Die Stute steht für sanfte, gelehrige Stärke.

Yin-Gefährtinnen zu haben heißt, mit Gleichgestellten zu gehen; keine Yang-Begleiter zu haben heißt, daß am Ende Freude ist. Daß Stabilität und Beharrlichkeit glückverheißend sind, entspricht der Grenzenlosigkeit der Erde.

Das Bild
Die Haltung der Erde ist empfangend. Edle Menschen unterstützen andere durch Bereicherung ihres Charakters.

Die Wandlungslinien
1 *Yin.* Gehst du auf Reif, so gelangst du auf festes Eis. *Das Bild:* Auf Reif und festem Eis gehen deutet auf die beginnende Verfestigung des Yin. Folge diesem Pfad bis zum Ende, so kommst du auf festes Eis.
Kommentar: Es handelt sich hier um einen Vorgang zunehmender Kristallisation. Etwas, das sich erst keimhaft (»Reif«) andeutet, entwickelt sich zu etwas Solidem, wenn du dem WEG folgst. Ob es sich um etwas Gutes oder Schlechtes handelt, bleibt hier außer Betracht. Konsequent weitergedacht, ist auch der Gedanke an die Vergänglichkeit aller Materie in diesem Bild enthalten.
2 *Yin.* Ehrlich, geradeheraus und großmütig zu sein ist für alles förderlich, auch ohne Übung. *Das Bild:* Ausgewogenes Yin handelt ehrlich

und geradeheraus. Dadurch wird alles gefördert, auch wenn man keine Übung darin hat, denn der WEG der Erde ist höchste Weisheit.

Kommentar: Diese Linie vereinigt alle Tugenden des EMPFANGENDEN in höchstem Maße: Annahmebereitschaft und souveräne Hingabe (nicht zu verwechseln mit Unterwürfigkeit!) sind komplementäre Eigenschaften zum Schöpferischen. Ein solches selbstverständliches Handeln, ohne jede Absicht, ist im Einklang mit der Natur der Dinge und bezieht daraus seine Wirkkraft.

3 *Yin.* Verbirg deine Vorzüge; sei tugendhaft. Wenn du in öffentlichen Angelegenheiten beschäftigt bist, tue nichts auf Wirkung hin, sondern erledige die Dinge ganz einfach. *Das Bild:* Deine Vorzüge zu verbergen und tugendhaft zu sein heißt, nur zu handeln, wenn die Zeit dafür reif ist. Stehst du im Dienst einer führenden Persönlichkeit, so wird dein Wissen erhellt und erweitert.

Kommentar: Du stehst an einem Platz, der außerordentliche Bescheidenheit verlangt. Sei bereit zu handeln, wenn es erforderlich ist, und dich wieder in den Hintergrund zurückzuziehen, ohne große Anerkennung für deine Dienste zu erwarten.

4 *Yin.* Schließe den Sack, kein Makel, kein Lob. *Das Bild:* Den Sack zu schließen heißt, Vor-

sicht walten zu lassen, um Schaden zu verhindern.

Kommentar: In schwierigen Zeiten ist es ratsam, sich zurückzuziehen, sei es nach innen oder an einen abgelegenen Ort. Hüte deine Kräfte.

5 *Yin.* Ein gelbes Gewand ist sehr glückverheißend. *Das Bild:* Daß ein gelbes Gewand sehr glückverheißend ist, bedeutet, daß die Bildung sich im Inneren zeigt.

Kommentar: Du bist in einflußreicher, wenn auch nicht unabhängiger Stellung. Stelle weder Bescheidenheit noch Pracht zur Schau, sondern geh den Weg der Mitte (die Farbe Gelb) und leuchte von innen heraus.

6 *Yin.* Wenn Drachen auf den Feldern kämpfen, ist ihr Blut schwärzlichgelb. *Das Bild:* Kämpfende Drachen auf den Feldern bedeuten, daß der Weg zu seinem Ende gekommen ist.

Kommentar: Es kommt zum unvermeidlichen Kampf zwischen den Kräften des EMPFANGENDEN und den Kräften des SCHÖPFERISCHEN. Gehst du in den Angriff, so handelst du wider deine Natur, harrst du aus in Ruhe, so wirst du zerstört. Zyklisch betrachtet, geht der WEG des Alten zu Ende und muß sich wandeln. Nur so kann das Neue entstehen. Es ist die Phase des »Mondblutes«, auch der Menstruation.

3. Die Anfangs-schwierigkeit
DSCHUN

Erhabenes Gelingen, wenn du wahrhaftig bist. Halte nicht an einem bestimmten Ziel fest. Es ist fördernd, lokale Fürsten einzusetzen.

Das Urteil

DIE ANFANGSSCHWIERIGKEIT: Festigkeit und Biegsamkeit beginnen in Wechselwirkung zu treten, und es entstehen Probleme. Richtiges Handeln inmitten gefährlicher Engpässe bringt denen erhabenes Gelingen, die aufrichtig und wahrhaftig sind. Während Donner und Regen die Atmosphäre erfüllen, schafft die Natur Verwirrung und Dunkelheit. Es ist fördernd, lokale Fürsten einzusetzen, aber wiege dich nicht im Gefühl des Friedens.

Das Bild

Wolken und Donner erzeugen DIE ANFANGS-SCHWIERIGKEIT; edle Menschen bedenken die Gründe.

Die Wandlungslinien

1 *Yang.* Wenn du zögerst und dir nichts gelingt, ist es von Vorteil, aufrichtig zu bleiben. Es ist nützlich, lokale Fürsten einzusetzen. *Das Bild:* Auch wenn dir nichts gelingt, sollten deine

31

Absichten und dein Handeln korrekt sein. Indem du die achtest, die in geringer Stellung sind, werden viele Menschen gewonnen.

Kommentar: Am Beginn einer neuen Unternehmung hast du den Impuls zu handeln, doch stehen noch Hemmnisse im Weg. Suche dir Helfer, die sich auf ihrem Gebiet auskennen, und achte ihre Kompetenz. Mit ihrer Hilfe wirst du die Schwierigkeiten überwinden.

2 *Yin.* Man hält an und kommt nicht mehr voran; man sitzt im Sattel eines Pferdes, befindet sich aber in einer Stockung. Ein Freier naht werbend, doch er ist nicht der rechte. Ein Mädchen ist keusch; es läßt sich nicht ein. Nach zehn Jahren läßt es sich ein. *Das Bild:* Die Schwierigkeit für die Schwachen und Fügsamen besteht hier darin, die Starken und Entschlossenen zu reiten. Die Einlassung nach zehn Jahren bedeutet die Rückkehr zu normalen Verhältnissen.

Kommentar: Du befindest dich inmitten von Schwierigkeiten. Greife nicht vorschnell nach einer sich anbietenden Lösung. Es gilt abzuwarten und der Zeit zu vertrauen, die ganz von selbst für die Rückkehr normaler Verhältnisse sorgt.

3 *Yin.* Jagst du das Wild ohne Führung, so gerätst du nur in den Wald. Edle Menschen spüren, daß es besser ist aufzugeben und beschä-

mend wäre hinzugehen. *Das Bild:* Das Wild ohne Führung zu jagen heißt, den wilden Tieren zu folgen. Edle Menschen entschließen sich in solchem Fall zur Aufgabe, da Weitermachen nur Beschämung mit sich brächte und sinnlos wäre.

Kommentar: Du besitzt nicht genügend Stärke und Erfahrung, aber ein starker Impuls treibt dich voran, was dich in Schwierigkeiten führen könnte. Hier wird der Rat erteilt, einsichtig zu sein und das Vorhaben aufzugeben.

4 *Yin.* Du sitzt im Sattel eines Pferdes, doch befindest du dich in einer Stockung; suchst du Partnerschaft, so ist es günstig, den ersten Schritt zu tun; es gibt keinen Nachteil. *Das Bild:* Es ist klug, sich auf die Suche zu begeben.

Kommentar: Es gilt zu handeln, aber die eigene Kraft reicht nicht aus. Es kommt nur darauf an, sich dies einzugestehen, auch wenn es Überwindung kostet. Hilfe wird angeboten und sollte angenommen werden.

5 *Yang.* Die Gaben zurückhalten, dann ist kleine Beharrlichkeit glückverheißend, große Beharrlichkeit bringt Unheil. *Das Bild:* Die Gaben zurückhalten bedeutet, daß man sie noch nicht im großen Maßstab veräußert.

Kommentar: Du bist mit einer Fülle von Gaben oder Begabungen gesegnet, doch lassen es die Umstände nicht zu, daß du sie verschwenderisch nach außen verströmst. Kleine, unaufhörliche Bemühungen werden mit der Zeit das Vertrauen schaffen, das nötig ist, damit deine Gaben angenommen werden können.

6 *Yin.* Du sitzt im Sattel eines Pferdes, doch befindest du dich in einer Stockung; du weinst blutige Tränen. *Das Bild:* Du weinst blutige Tränen, wie könnte das auf Dauer gut sein? *Kommentar:* Du befindest dich in Schwierigkeiten, und niemand ist da, um zu helfen. Das ist eine äußerst betrübliche Lage. Da ist es das beste, einen ganz neuen Anfang zu wagen.

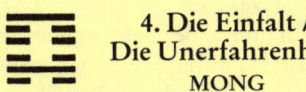

4. Die Einfalt / Die Unerfahrenheit
MONG

DIE EINFALT hat Gelingen.* Nicht du suchst den Einfältigen, der Einfältige sucht dich. Das erste Orakel gibt Auskunft, das zweite und dritte verwirren. Verwirrung bringt keinen Aufschluß. Es ist vorteilhaft, korrekt zu sein.

Das Urteil

DIE EINFALT: Gefahr ist unter einem Berg. Angesichts der Gefahr innezuhalten ist Einfalt. Die Einfalt kommt voran durch erfolgreiches Handeln zum richtigen Zeitpunkt. Nicht du suchst den Einfältigen, der Einfältige sucht dich, denn eure Bestrebungen entsprechen einander. Das erste Orakel gibt Auskunft, da es genau auf ein Ziel gerichtet ist. Das zweite und dritte stiften Verwirrung, und Verwirrung bringt keinen Aufschluß, da es die Einfalt verwirrt. Die Einfalt zu nutzen, um die Aufrichtigkeit zu nähren, das ist das Werk der Weisen.

---

* Vgl. die Figur des »Dummlings« im Märchen, der am
   Ende König wird.

Das Bild
Eine Quelle, die am Fuße eines Berges entspringt:
das Bild der EINFALT. Edle Menschen nähren
ihren Charakter durch fruchtbares Tätigsein.

Die Wandlungslinien

1 *Yin.* Es ist vorteilhaft, Strafen anzuwenden,
um die Unwissenden zu erwecken; ohne Beschränkung darin fortzufahren ist bedauerlich.
Das Bild: Es ist vorteilhaft, Strafen anzuwenden, sofern dies nach gerechten Gesetzen geschieht.
Kommentar: Der Einfältige ist ein Mensch, der
im Leben oder in einer bestimmten Sache noch
unerfahren ist. Hier, auf dem untersten Platz,
ist die Unerfahrenheit am größten. Daher der
Gedanke von Zucht und Erziehung, die aber
nicht zu streng angewendet werden sollten.

2 *Yang.* Es ist glückverheißend, den Einfältigen
bereitwillig anzunehmen. Es ist glückverheißend, eine Frau zu nehmen. Der Sprößling
übernimmt die Stelle des Familienoberhauptes. *Das Bild:* Der Sprößling, der die Stelle des
Familienoberhauptes übernimmt, verkörpert
die Vereinigung von Festigkeit und Biegsamkeit.
Kommentar: Obwohl äußerlich nicht mit
Macht ausgestattet, zeigt diese Linie einen
Menschen, der andere in ihrer Einfalt und in

ihren Schwächen zu nehmen weiß. Aufgrund seiner inneren Stärke ist er in der Lage, Verantwortung zu übernehmen.

3 *Yin.* Du sollst kein Mädchen nehmen, das einen reichen Mann begehrt, denn ohne Selbstachtung hat es keinen Wert. *Das Bild:* Nimm keinen Partner, der nicht zu dir paßt.

Kommentar: Ein Mensch, der schwach und unerfahren ist, blickt auf zu jemandem an hoher Stelle und ist in Versuchung, sich von dieser starken Persönlichkeit faszinieren zu lassen. Keine von beiden Seiten sollte sich um ihrer Selbstachtung willen auf eine solche Beziehung einlassen.

4 *Yin.* Verstocktsein aufgrund von Unwissenheit, das ist bedauerlich. *Das Bild:* Das Bedauerliche am Verstocktsein liegt darin, daß man sich selbst der Realität entfremdet hat.

Kommentar: Gefangen in der eigenen Unwissenheit, bist du blind gegenüber der Realität. Vielleicht kompensierst du deine Schwäche durch großartige Phantasien. Der einzige Weg, dich in die Realität zurückzuholen, besteht darin, daß du die Beschämung, die aus deinem Verhalten entsteht, am eigenen Leib zu spüren bekommst.

5 *Yin.* Die Einfalt ist glückverheißend. *Das Bild:* Die Einfalt findet ohne Schwierigkeiten zu Harmonie, das ist glückverheißend.

Kommentar: In deiner Unerfahrenheit und Einfalt tust du das einzig Richtige: Du suchst Belehrung. Eine solche Haltung der Annahmebereitschaft findet Entsprechung in geeigneten Lehrern und Lehrerinnen.

6 *Yang.* Geht man gegen die Unwissenheit vor, so soll man sich nicht selbst zum Räuber machen; es ist fördernd, Räuber abzuwehren. *Das Bild:* Es ist vorteilhaft, Räuber ausdrücklich abzuwehren; die Oberen und die Unteren stimmen dem zu.

Kommentar: Es ist richtig, hartnäckigem Zuwiderhandeln mit einer gewissen Strenge Einhalt zu gebieten, doch sollte es dabei nicht zu Übergriffen von seiten der Erziehenden kommen. Zulässig ist einzig die Abwehr von Übergriffen.

5. Das Warten
SÜ

Wenn DAS WARTEN in Wahrhaftigkeit geschieht, so hat es strahlenden Erfolg. Sei wahrhaft beharrlich, dann wird das Glück kommen. Es ist fördernd, große Flüsse zu überqueren.*

Das Urteil

Es ist notwendig zu WARTEN; das gilt, wenn Gefahr droht. Wenn das Starke kraftvoll und nicht (in der Gefahr) gefangen ist, wird seine Rechtmäßigkeit nicht unterlaufen und seine Pflichterfüllung nicht vereitelt. Wenn DAS WARTEN in Wahrhaftigkeit geschieht, so hat es strahlenden Erfolg. Sei wahrhaft beharrlich, dann wird das Glück kommen, das heißt, du wirst deinen Platz in der natürlichen Ordnung durch Wahrung der korrekten Ausgewogenheit einnehmen. Daß es fördernd ist, große Flüsse zu überqueren, heißt, daß durch fortschreitendes Handeln etwas erreicht werden wird.

* »Große Flüsse überqueren« steht für die Durchführung größerer Unternehmungen.

Das Bild

Wolken steigen zum Himmel auf: das Bild des WARTENS. In solchen Zeiten entspannen sich edle Menschen und erfreuen sich an Speis und Trank.

Die Wandlungslinien

1 *Yang.* Warten im Vorfeld; fördernd ist es, möglichst beständig zu bleiben, so vermeidest du Fehler. *Das Bild:* Im Vorfeld zu warten heißt, daß man sich noch nicht in schwierige und problematische Unternehmungen verstrickt hat. Es ist fördernd, möglichst beständig zu bleiben, um Fehler zu vermeiden; dies setzt voraus, daß du noch nicht auf Abwege geraten bist.

Kommentar: Hier, auf dem Anfangsplatz, ist die Gefahr oder das, was erwartet wird, noch fern. Es wird empfohlen, so lange wie möglich die Normalität des Alltags zu wahren.

2 *Yang.* Warten im Sand, das stößt auf etwas Kritik, doch am Ende geht alles gut. *Das Bild:* Warten im Sand heißt, daß in der Mitte Überfülle herrscht. Obwohl etwas Kritik geübt wird, kann sie genutzt werden, damit das Ende glücklich ausgeht.

Kommentar: Du befindest dich schon näher an der Gefahr beziehungsweise an dem, was du erwartest. Obwohl du Vorwürfe und Kritik erntest, solltest du gelassen bleiben.

3 *Yang.* Warten im Schlamm zieht Feinde an. *Das Bild:* Warten im Schlamm heißt, daß von außen Gefahr droht. Hast du erst einmal die Feinde angelockt, nimm die Lage ernst, und gib acht, daß du nicht geschlagen wirst.

Kommentar: Du bist der Gefahr ganz nah und wagst dich zu weit vor, anstatt geduldig zu warten. Dadurch ziehst du dir erst recht Gegnerschaft zu. Äußerste Vorsicht tut not.

4 *Yin.* Warten im Blut, komm heraus aus deinem eigenen Loch. *Das Bild:* Warten im Blut heißt sich gehorsam fügen.

Kommentar: Die Spannungen beziehungsweise die Gefahr haben ein unerträgliches Maß angenommen. Du befindest dich mitten darin wie in einem Loch. In dieser Lage würde jedes Weitertreiben die Sache nur verschlimmern. Daher solltest du dich am besten so rasch wie möglich aus allem herausziehen.

5 *Yang.* Warten bei Wein und Speise; fördernd ist es, beharrlich und wahrhaftig zu sein. *Das Bild:* Bei Wein und Speise ist es gut, tugendhaft, das heißt ausgeglichen und korrekt zu sein.

Kommentar: Die Spannungen sind vorüber. Obwohl du wahrscheinlich allein warten mußt, bist du selbstgenügsam und geduldig, da du genügend Klarheit besitzt.

6 *Yin.* Man geht in eine Höhle, drei Gäste kom-

men gemächlich herbei. Ehre sie, und du wirst am Ende Glück haben. *Das Bild:* Du ehrst drei Gäste, die gemächlich herbeikommen: Selbst wenn du keinen besonderen Status oder keine besondere Stellung dabei erlangst, wirst du nicht viel verloren haben.

Kommentar: Du hast aufgehört zu warten oder erwartest nichts mehr und ziehst dich bereits zurück. Doch gibt es keinen Grund zur Hoffnungslosigkeit, denn Hilfe ist schon auf dem Weg. Erkennst du sie und nimmst sie dankbar an, so geht am Ende noch alles gut. Die »drei Gäste« stehen für den allmählichen Aufstieg der drei untersten Yang-Linien.

6. Das Streiten
SUNG

STREITEN bedeutet, die Wahrheit ist behindert; sei umsichtig. Ausgewogenheit ist günstig, Vorantreiben bis zum Ende ist ungünstig. Fördernd ist es, große Menschen zu sehen. Nicht fördernd ist es, große Flüsse zu überqueren.

Das Urteil

Oben Unnachgiebigkeit, unten Gefahr, das ergibt gefährliches, machtvolles STREITEN. Streit bedeutet, die Wahrheit ist behindert; achte darauf, deine Mitte und Ausgewogenheit zu bewahren, dann wird das Glück kommen. Damit ist gemeint, daß die Ausgewogenheit Stärke hervorbringt. Vorantreiben bis zum Ende ist ungünstig, da der Streit nicht zum Abschluß gebracht werden kann. Es ist fördernd, große Menschen zu sehen, um der Ausgewogenheit und Geradheit Achtung zu verschaffen. Nicht fördernd ist es, große Flüsse zu überqueren, denn du würdest in einen Abgrund stürzen.

Das Bild

Himmel und Wasser gehen in verschiedene Richtungen: das Bild des STREITENS. Daher überlegen und planen edle Menschen, in welcher Weise sie vorgehen wollen, bevor sie irgend etwas unternehmen.

Die Wandlungslinien

1 *Yin.* Wenn du eine Angelegenheit nicht beharrlich bis zum Ende verfolgst, kommt es vielleicht zu kleineren Wortwechseln, doch wird am Ende alles gut. *Das Bild:* Eine Angelegenheit nicht beharrlich bis zum Ende verfolgen heißt, daß der Streit nicht über Gebühr weitergeführt werden darf. Obwohl es kleinere Wortwechsel geben könnte, kommt es zur Klärung.

Kommentar: Hier ist der Streit noch ganz in den Anfängen. Du tust gut daran, es bei kleineren Wortwechseln zu belassen und deinen Standpunkt nicht um jeden Preis durchsetzen zu wollen.

2 *Yang.* Kannst du in deiner Sache nicht gewinnen, so kehre heim und verbirg dich. Dreihundert Familien in deinem Heimatort geraten nicht in Schwierigkeiten. *Das Bild:* Wenn du in deiner Sache nicht gewinnst, heimkehrst und dich verbirgst, so vermeidest du Schaden. Wenn die Unteren Prozesse gegen die Oberen anstrengen, so gibt es unweigerlich Probleme.

Kommentar: Du legst dich mit einem stärkeren Gegner an, gegen den du nichts ausrichten kannst. Das ist die objektive Lage. In einem solchen Fall ist es weise, sich zurückzuziehen und auch die eigene Umgebung davor zu bewahren, in Schwierigkeiten hineingezogen zu werden.

3 *Yin.* Auch wenn du dich auf Verdienste stützt, die du in der Vergangenheit erworben hast: Übst du Beharrlichkeit und Sorgfalt, so kommt schließlich Glück. Bist du in Regierungsangelegenheiten tätig, so versuche nicht, Dinge zu forcieren. *Das Bild:* Sich auf vergangene Verdienste stützen heißt das Glück anziehen, indem man der aufsteigenden Ordnung folgt.

Kommentar: Du bist innerlich hin und her gerissen. Anmaßung und Stolz könnten dich verleiten, bis zum Ende um äußeren Besitz und Status zu kämpfen. Darin liegt eine große Gefahr. Besinne dich auf deine inneren Werte, die dir niemand rauben kann.

4 *Yang.* Wenn du in deiner Sache nicht gewinnst, so ziehe dich zurück und nimm dein Schicksal an, schließe Frieden. Es ist günstig, beharrlich zu sein. *Das Bild:* Dich zurückziehen, dein Schicksal annehmen und friedfertig werden, das heißt, es ist günstig, beharrlich zu sein und nicht vom WEG abzuweichen.

Kommentar: Du bist geneigt zu streiten, doch ist ein Kampf gegen einen Höhergestellten aussichtslos, und ein Kampf gegen andere, die schwächer sind als du selbst, hat keine Berechtigung. Daher gehst du in dich und schließt Frieden, innerlich und äußerlich. So entsprichst du deiner wahren Bestimmung.

5 *Yang.* Streiten kann äußerst glückbringend sein. *Das Bild:* Streiten ist äußerst glückbringend, wenn es ausgewogen und angemessen ist.

Kommentar: Dies ist der Platz des unparteiischen Schlichters, der großen Einfluß besitzt. Daher wird empfohlen, die Streitsache ihm vorzutragen. Sein Urteil bringt Glück.

6 *Yang.* Du magst mit einem Ehrengürtel ausgezeichnet werden, doch wird er dir dreimal genommen, bevor der Tag endet. *Das Bild:* Selbst wenn dir im Streit die Ehre des Siegers zufällt, so heißt dies nicht, daß dir Achtung gebührt.

Kommentar: Du hast in dem Streit zwar den Sieg davongetragen, doch ist es ein zweifelhafter Erfolg. Vielleicht hast du ihn gewaltsam erzwungen oder deine Selbstachtung aufs Spiel gesetzt. Ein solcher Sieg ist nicht von Dauer.

7. Die vereinten Kräfte*
SCHÏ

Damit DIE VEREINTEN KRÄFTE Rechtes bewirken, bedarf es reifer Menschen; dann gibt es keinen Makel.

Das Urteil

DIE VEREINTEN KRÄFTE stellen eine wohlorganisierte Gruppe dar; fördernd ist es, korrekt zu sein. Menschen, die fähig sind, Gruppen korrekt einzusetzen, können dadurch zu Führungspersönlichkeiten werden. Wenn das Starke in der Mitte gesammelt ist, ist es empfänglich; Handeln in gefährlichen Situationen geschieht in Gehorsam. Wenn dies Glück bringt, wie könnte es da von Makel sein?

Das Bild

Inmitten der Erde ist Wasser: DIE VEREINTEN KRÄFTE; so nehmen Führungspersönlichkeiten Menschen auf und sorgen für das Volk.

---

* Der chinesische Text verwendet das Bild eines HEERES. In übertragener Bedeutung: die Organisation aller zur Verfügung stehenden Kräfte und Mittel in Einheiten, die einen gezielten (Arbeits-)Einsatz ermöglichen.

Die Wandlungslinien

1 *Yin.* Vereinte Kräfte müssen geordnet vorgehen, sonst droht Unheil, selbst wenn es um
eine gute Sache geht. *Das Bild:* Vereinte Kräfte
müssen in geordneter Weise vorgehen, denn
wenn sie ihre Ordnung verlieren, gibt es Unheil.
Kommentar: Es handelt sich um ein Vorhaben,
das des geordneten Zusammenwirkens aller
Kräfte unter der Leitung einer starken Persönlichkeit bedarf. Darum ist es von größter
Wichtigkeit, *vor* Beginn des Unternehmens
sicherzustellen, daß a) das Ziel den Einsatz
rechtfertigt und b) alle mitwirkenden Kräfte
wohl organisiert und diszipliniert sind.

2 *Yang.* Inmitten der vereinten Kräfte; wenn es
Glück bringt, kein Makel. Die Führung erteilt
dreimal Befehle. *Das Bild:* Glück haben inmitten der vereinten Kräfte bedeutet, vom Kosmos begünstigt zu werden. Die Führung, die
dreimal Befehle erteilt, symbolisiert die Sorge
um alle Völker/Stämme.
Kommentar: Du bist mit der Ausführung eines
Unternehmens betraut, das eine starke Herausforderung darstellt. Deine Stärken liegen
darin, daß du in enger Tuchfühlung bist mit
denen, die dir bei der Ausführung helfen sollen. Gleichzeitig genießt du das volle Vertrau-
en deiner vorgesetzten Stelle.

3 *Yin.* Die vereinten Kräfte könnten Verluste erleiden, das verheißt Unheil. *Das Bild:* Erleiden die vereinten Kräfte Verluste, so ist dies ein großer Mißerfolg.

Kommentar: Die Verluste sind darauf zurückzuführen, daß einer oder mehrere sich die Führung anmaßen und gefährliche persönliche Initiativen ergreifen. Die Autorität geht nicht von der Person aus, die dazu berufen ist.

4 *Yin.* Wenn die vereinten Kräfte ihr Lager in der Entfernung aufschlagen, so entsteht kein Schaden. *Das Bild:* Wenn die vereinten Kräfte in der Entfernung bleiben, ist alles noch normal.

Kommentar: Da jedes Vorwärtsgehen von den Umständen her aussichtslos ist, wird hier der Rat gegeben, sich zurückzuziehen, um unnötigen Schaden zu vermeiden. Dies ist kein Zeichen von Schwäche, sondern von Umsichtigkeit.

5 *Yin.* Sind Schädlinge (auch: wilde Tiere) im Feld, so ist es fördernd, sie zu fangen; kein Makel. Reife Menschen sollten das Unternehmen anführen; unreife Menschen würden Verluste erleiden, selbst wenn sie aufrecht und beharrlich wären. *Das Bild:* Reife Menschen führen die vereinten Kräfte, indem sie ausgewogen handeln. Unreife Menschen erleiden Verluste, weil sie ihrer Aufgabe nicht gewachsen sind.

Kommentar: Es besteht die Gefahr, daß du in einer Situation, die absolute Konzentration und Entschlossenheit erfordert, Zweifeln Raum gibst oder unerfahrene Menschen gewähren läßt. Das Beste, was du tun kannst, ist, die Sache einem erfahrenen Menschen zu übertragen und ihm vertrauensvoll alle nur denkbare Unterstützung zukommen zu lassen.

6 *Yin.* Ein großer Herrscher erläßt Befehle, um Staaten zu gründen und Familien zu belehnen. Geringe Menschen dürfen nicht ausgewählt werden. *Das Bild:* Große Herrscher erlassen Befehle und würdigen damit die Verdienste. Engstirnige Menschen dürfen nicht ausgewählt werden, da sie mit Sicherheit den Staat in Unordnung bringen werden.

Kommentar: Hier geht es darum, das, was in einer Unternehmung erreicht wurde, zu konsolidieren und zur Grundlage künftigen Gedeihens zu machen. Dabei ist es besonders wichtig, darauf zu achten, wen man mit der Wahrung des neuerworbenen Besitzes betraut. Dies sollte auch eine Selbstprüfung nicht ausschließen.

DAS ZUSAMMENHALTEN ist glückverheißend. Ist die Grundlage der Orakelauskunft stets richtig, liegt kein Fehler vor. Dann kommen die Unsicheren herbei, Nachzügler haben kein Glück.

Das Urteil

DAS ZUSAMMENHALTEN ist glückverheißend, denn es bedeutet, einander zu helfen und in Demut zu dienen, um im Einklang zu sein. Ist die Grundlage der Orakelauskunft stets richtig, liegt kein Fehler vor; das bezieht sich auf feste Stärke in der Mitte, die in sich ausgewogen ist. Dann kommen die Unsicheren herbei, denn die Oberen und die Unteren reagieren aufeinander. Nachzügler haben kein Glück, denn sie werden in eine Sackgasse geraten.

Das Bild

Auf der Erde ist Wasser: das Bild des ZUSAMMENHALTENS. Auf diese Weise erschufen die alten Könige eine Vielzahl von Staaten und verbanden sich mit den Lehensfürsten.

Die Wandlungslinien

1 *Yin.* Zusammenhalten mit den Wahrhaftigen, kein Makel. Wenn die Wahrhaftigkeit ein einfaches Gefäß füllt, erwächst daraus schließlich weiteres Glück. *Das Bild:* Offene Bereitschaft, ein Zusammenhalten herbeizuführen, wird weiteres Glück nach sich ziehen.

Kommentar: Das Hexagramm handelt von den Bedingungen, unter denen sich Menschen zu einer Interessengemeinschaft zusammenfinden. Die unterste Linie steht für die Grundlagen und die allerersten Anfänge. Noch bist du vielleicht allein, aber durch deine innere Wahrhaftigkeit werden andere Menschen angezogen. Dabei ist offen, ob du selbst berufen bist, Mittelpunkt einer Gruppe zu werden, oder ob du dich einer Gemeinschaft als Mitglied anschließt. Das »einfache Gefäß« bedeutet eine reine, einfache Gesinnung.

2 *Yin.* Zusammenhalten, das aus innerer Aufrichtigkeit erwächst, ist günstig. *Das Bild:* Daß das Zusammenhalten von innen kommt, heißt, daß du dich selbst nicht verlierst.

Kommentar: Bleibe beharrlich deinen eigenen Überzeugungen treu. Das nährt auch die anderen in der Gemeinschaft. Es besteht eine gewisse Gefahr, daß du dich an die anderen anhängst, um äußere Anerkennung zu finden. Das würde bedeuten, dich selbst zu verlieren.

3 *Yin.* Zusammenhalten mit den falschen Menschen. *Das Bild:* Zusammenhalten mit den falschen Menschen, wie sollte das nicht Schaden bringen?

Kommentar: Du befindest dich in Gesellschaft von Menschen, die nicht wirklich zu dir passen. Das mag im Augenblick unvermeidlich sein, doch solltest du innerlich den nötigen Abstand wahren und deine Würde nicht preisgeben. Bleibe offen für neue Verbindungen.

4 *Yin.* Korrektheit im Zusammenhalten mit denen, die außen sind, ist günstig. *Das Bild:* Zusammenhalten mit den Weisen draußen, so folgst du ihrem Fortschritt.

Kommentar: Du nimmst einen Platz ein, der wichtig ist für die Umsetzung der Ziele der Gemeinschaft. Dabei stehst du in enger Verbindung zu der Person oder zu den Kräften, die den Mittelpunkt der Gemeinschaft bilden. Die Förderung dieser Verbindung ist günstig.

5 *Yang.* Mache das Zusammenhalten sichtbar. Ein König verwendet drei Treiber und verzichtet auf das Wild vorn. Wenn die Menschen vor Ort nicht auf der Hut sein müssen, so ist dies günstig. *Das Bild:* Das Zusammenhalten sichtbar machen heißt, daß man seinen Platz in der Mitte einnimmt. Daß man die Widerspenstigen ziehen läßt und die annimmt, die in Übereinstimmung sind, wird dadurch ausge-

drückt, daß man auf das Wild vorn verzichtet. Wenn die Menschen vor Ort nicht auf der Hut sein müssen, bedeutet das, daß die Herrschaft Ausgewogenheit hergestellt hat.

Kommentar: Hier ist die Rede von der Persönlichkeit, die den Mittelpunkt der Gemeinschaft bildet und diesen Platz zu Recht einnimmt. Sie kann gelassen auf die verzichten, die sich von der Gemeinschaft abwenden. Dann kann sie sicher sein, daß die anderen der Gemeinschaft freiwillig angehören wollen, was die offene und freimütige Kommunikation in der Gruppe ermöglicht.

6 *Yin.* Zusammenhalten ohne Richtung, Unheil.

Das Bild: Zusammenhalten ohne Richtung wird nie etwas zu Ende bringen.

Kommentar: Hier ist eine Person gezeichnet, die von Anfang an »ohne Richtung«, das heißt kopflos nach Anschluß an eine Gemeinschaft gesucht hat. Es fehlte der ernsthafte Wille, die Konsequenzen zu tragen, die mit der Zugehörigkeit zu einer Gemeinschaft verbunden sind. Nun ist der Zeitpunkt für einen möglichen Anschluß verpaßt.

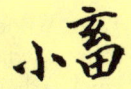
DIE ZÄHMUNGSKRAFT DES KLEINEN hat Erfolg.
Dichte Wolken kommen aus dem eigenen west-
lichen Gebiet, aber es regnet nicht.

Das Urteil

DIE ZÄHMUNGSKRAFT DES KLEINEN bedeutet, daß
Biegsamkeit Ansehen gewinnt, das Oben und das
Unten reagieren auf sie. Kraftvoll und doch gefügig, mit ausgewogener Stärke wird dein Ziel in
die Tat umgesetzt, und auf diese Weise hast du
Erfolg. Dichte Wolken, die sich noch nicht ab-
regnen, das heißt, du bist noch unterwegs; daß sie
aus deinem eigenen westlichen Gebiet kommen,
heißt, es sind noch praktische Schritte zu tun.

Das Bild

Der Wind, der oben am Himmel weht: das Bild
der ZÄHMUNGSKRAFT DES KLEINEN; auf diese
Weise verfeinern Führungspersönlichkeiten ihre
Bildung.

---

* Das KLEINE im Gegensatz zum GROSSEN (vgl. Hexagramm 26) steht hier für die Fähigkeit zur *Anpassung an
den Augenblick*, für *Sanftheit* und *Biegsamkeit*. Durch
diese Eigenschaft wird eine starke, ungestüme Kraft im
Zaum gehalten.

Die Wandlungslinien

1 *Yang.* Wenn du auf den WEG zurückkehrst, wie sollte es da Schwierigkeiten geben? Das ist glückverheißend. *Das Bild:* Auf den WEG zurückkehren ist glückverheißend und ein Zeichen dafür, daß du richtig handelst.

Kommentar: Deiner Natur würde es entsprechen, die Dinge voranzutreiben, doch unterstellst du dich bereitwillig einem Einfluß, der dich zurückhält. Das ist weise Einsicht in die Zeitumstände.

2 *Yang.* Zurückführen ist glückverheißend. *Das Bild:* Führst du zurück zur ausgewogenen Mitte, dann verlierst du dich nicht.

Kommentar: Noch mehr, als in der ersten Linie angedeutet, drängt es dich nach vorn, aber du besitzt auch eine gewisse Leichtigkeit, die es dir ermöglicht, dich dem immer noch herrschenden zurückhaltenden Einfluß zu beugen. Daher kehrst du um und nimmst vielleicht noch andere mit auf deinen Weg. Das ist glückverheißend.

3 *Yang.* Einem Wagen sind die Räder abgenommen, Mann und Frau wenden den Blick voneinander ab. *Das Bild:* Wenn Mann und Frau den Blick voneinander abwenden, so können sie kein ordentliches Heim schaffen.

Kommentar: Aufgrund deiner Stärke und deiner Position fühlst du dich aufgefordert, dem sanften, hemmenden Einfluß entgegenzutreten. Aber die Zeitumstände sind zugunsten des Sanften und Hemmenden, und es wäre ratsam, dies zu akzeptieren. Tust du dies nicht, so kommt es zu ärgerlichen Auseinandersetzungen, die zu nichts führen.

4 *Yin.* Gibt es Wahrhaftigkeit, so schwindet die Blutrünstigkeit, und die Angst weicht, so daß es nichts zu fürchten gibt. *Das Bild:* Gibt es Wahrhaftigkeit, so weicht die Angst, weil man an höherer Stelle auf Zustimmung stößt.

Kommentar: Du hast die verantwortungsvolle Aufgabe, jemanden, der in leitender Stellung ist, in seinem Tun zu mäßigen und zu hemmen. Dies geschieht nicht mit List und Tücke, sondern allein durch die Kraft deiner inneren Wahrhaftigkeit. Deinen Bemühungen ist der Erfolg am Ende gewiß.

5 *Yang.* Gibt es Wahrhaftigkeit, so erzeugt sie Bindungen, die die Umgebung bereichern. *Das Bild:* Aufgrund von Wahrhaftigkeit und bereichernden Bindungen genießt man seinen Reichtum nicht allein.

Kommentar: Hier wird auf die Beziehung zwischen dem festen Yang-Strich auf fünftem Platz und dem weichen Yin-Strich auf viertem Platz angespielt. Obwohl du selbst auf starkem Platz bist, weißt du die Weichheit zu schätzen, die dir in einer Person aus deiner unmittelbaren Umgebung entgegenkommt. Durch diese Ergänzung entsteht wahrer Reichtum, den du mit deinen Nächsten teilst.

6 *Yang.* Der Regen ist gefallen und hat sich gelegt; hohe Ziele sind erreicht; die Frau ist tugendhaft und fleißig. Der Mond ist fast voll. Wenn ein Anführer eine Expedition beginnen will, so gibt es Unheil. *Das Bild:* Daß der Regen gefallen ist und sich gelegt hat, heißt, daß das höchste Ziel erreicht ist. Es bringt einem Anführer Unheil, wenn er trotz Zweifeln eine Expedition beginnt.

Kommentar: Was du erreichen wolltest, hast du in vielen mühevollen Schritten mit der ZÄHMUNGSKRAFT DES KLEINEN geschafft. Begnüge dich mit dem Erreichten, denn das Maß kann voller nicht werden. Jetzt ist Ruhe und Festigung des Erreichten angesagt. Ein Fortfahren in der Art der zurückliegenden Anstrengungen wäre unheilvoll.

10. Das Auftreten
LÜ

AUFTRETEN auf eines Tigers Schwanz, ohne von dem Tiger gebissen zu werden;* um dies erfolgreich zu bestehen, ist Beharrlichkeit von Vorteil.

Das Urteil

DAS AUFTRETEN bedeutet, daß Biegsamkeit auf Härte tritt. Es ist ein freudiges Reagieren auf die schöpferische Kraft des Himmels; daher kann man auf den Schwanz eines Tigers treten, ohne daß der Tiger beißt, und man wird es erfolgreich bestehen. Wem es gelingt, mit richtig ausgewogener Stärke, ohne zu verletzen, den WEG der Herrschaft zu betreten, handelt erleuchtet.

Das Bild

Oben der Himmel und unten der See: das Bild des AUFTRETENS; so unterscheiden Führungspersönlichkeiten zwischen Oben und Unten und legen danach die Bestrebungen der Menschen fest.

---

* Es geht darum, gefährliche oder heikle Situationen zu bestehen, die große Vorsicht und/oder Taktgefühl verlangen.

Die Wandlungslinien

1 *Yang.* Auftreten mit einfachen Schuhen; es ist kein Fehler, darin fortzufahren. *Das Bild:* Weiter mit einfachen Schuhen aufzutreten heißt, daß man in seinem Handeln nur sich selbst verpflichtet ist.

Kommentar: Die ersten vier Linien zeigen eine Person in geringer Stellung, die einer Autorität gegenüber (die zwei obersten Linien) auftritt. Hier, auf der untersten Linie, befindet man sich allein, ohne Verpflichtungen gegenüber Dritten. Was zählt, ist die Selbstverpflichtung und ein einfaches Auftreten. In dieser Weise darfst du dein Ziel weiterverfolgen.

2 *Yang.* Auftreten auf eine Straße, sie ist eben; einem Menschen im Verborgenen (Dunklen) widerfährt Glück, wenn er beharrlich und aufrichtig ist. *Das Bild:* Der Beharrliche und Aufrichtige bleibt in seiner Mitte und gerät nicht außer sich.

Kommentar: Du tust gut daran, dich nicht zu ehrgeizigen Unternehmungen hinreißen zu lassen, sondern eher im verborgenen zu wirken. Du erkennst die Gefahr, die darin liegt, nach außen fordernd aufzutreten, und hältst dich weise und selbstgenügsam zurück.

3 *Yin.* Einäugig und humpelnd; trittst du auf eines Tigers Schwanz, so wirst du gebissen; Unheil. Ein Soldat wird zum Generalmajor.

Das Bild: Einäugig zu sein heißt, nicht klar sehen zu können; humpeln heißt, daß man nicht vorankommen kann. Das Unheil, gebissen zu werden, hängt damit zusammen, daß man sich in einer Stellung befindet, die man nicht angemessen auszufüllen vermag. Daß ein Soldat zum Generalmajor wird, heißt, daß sein Wille fest ist.

Kommentar: Du forderst das Unglück heraus, indem du dir mehr zutraust, als an Fähigkeiten und Kräften vorhanden ist. Du bist uneinsichtig und handelst zu einseitig (es fehlt das zweite Bein). Damit ziehst du dir den Zorn eines mächtigen Gegners zu und wirst verletzt. Eine solche wildentschlossene Haltung läßt sich nur dadurch rechtfertigen, daß du die Verletzung in Kauf nimmst, um wichtige, übergeordnete Interessen zu schützen.

4 *Yang.* Auftreten auf eines Tigers Schwanz; sei sehr vorsichtig, dann wird alles gutgehen. *Das Bild:* Äußerste Vorsicht, die zu einem guten Ende führt, das ist bewußtes Handeln.

Kommentar: Du wagst dich vor in den Bereich einer starken Autorität, die dir noch einmal die Zähne zeigt (vgl. dritte Linie). Da du aber von innerer Klarheit geleitet wirst, gehst du nach außen sehr vorsichtig und behutsam vor, ohne dich von deinem Ziel abbringen zu lassen. Auf diese Weise geht mit der Zeit die Gefahr vorüber.

5 *Yang.* Entschlossenes Auftreten verlangt beharrliche Sorgfalt. *Das Bild:* Durch entschlossenes Auftreten und beharrliche Sorgfalt handelst du deiner Stellung entsprechend.

Kommentar: Du befindest dich in einer Situation, die entschlossenes Auftreten erfordert. Doch solltest du dir die damit verbundene Gefahr stets vor Augen halten. Das Bewußtsein der eigenen Stärke, was die äußere Stellung und die innere Charakterfestigkeit angeht, könnte zu einer selbstzufriedenen Haltung verleiten, die alles Erreichte zunichte machen würde.

6 *Yang.* Lenke die Aufmerksamkeit auf dein Auftreten, und prüfe es sorgfältig in allen Einzelheiten, dann ist die Wiederkehr sehr glückverheißend. *Das Bild:* Es gibt ein großes Fest, wenn der Herrschaft erhabenes Glück zuteil wird.

Kommentar: Die Unternehmung, um die es in diesem Hexagramm ging, ist zum Abschluß gekommen. Verständlicherweise möchtest du schon einen Blick in die Zukunft tun. Da die Keime der Zukunft in der vergangenen Periode gelegt wurden, wird empfohlen, dein Auftreten in der Vergangenheit noch einmal gründlich zu prüfen. Welche Wirkungen sind davon ausgegangen? Daran läßt sich künftiges Glück ermessen.

11. Das Gedeihen
TAI

DAS GEDEIHEN: Das Kleine geht, das Große kommt; glückverheißendes Gelingen.

Das Urteil

Das Kleine geht, und das Große kommt mit glückverheißendem GEDEIHEN, das heißt, Himmel und Erde wirken aufeinander ein, so daß alle Dinge und Wesen zur Vollendung kommen. Oben und Unten begegnen einander, und ihr Wille ist auf das gleiche gerichtet. Innen Yang und außen Yin symbolisieren Stärke innen, verbunden mit Biegsamkeit außen; das ist ein Mensch, der innen edel ist, während er nach außen gewöhnlich erscheint. Der WEG des edlen Menschen ist ohne Ende, der WEG des gewöhnlichen Menschen verliert sich.

Das Bild

Himmel und Erde wirken aufeinander ein: das Bild des GEDEIHENS. So verwalten die Herrschenden die kosmische Ordnung, indem sie die Harmonie von Himmel und Erde unterstützen und dem Volk helfen.

Die Wandlungslinien

1 *Yang.* Ziehe ein Bandgras aus, so bringt es weitere von seiner Art gleich mit. Eine Unternehmung wird Glück bringen. *Das Bild:* Ein Bandgras ausziehen und das Glück, das eine Unternehmung bringen wird, beziehen sich auf den nach außen gerichteten Willen.

Kommentar: Die Zeit ist günstig, um eine Unternehmung zu beginnen. Doch bedarf es dazu der Hilfe Gleichgesinnter. Dein fester, auf die Unternehmung gerichteter Wille, zieht automatisch Gleichgesinnte an. (Bandgras zeichnet sich dadurch aus, daß es aus einer einzigen, fortlaufenden Wurzel herauswächst, so daß man gleich ein ganzes Büschel in der Hand hat, wenn man an einem Halm zieht. Es symbolisiert auch die Vereinigung aller Anstrengungen oder sonstigen Ressourcen einer Gruppe.) Die Vorzeichen sind günstig.

2 *Yang.* Umarme die Trostlosen (auch: die Verlassenen), traue denen, welche Flüsse zu überqueren verstehen, vernachlässige nicht die in der Ferne; sind die Gefährten gegangen, vermagst du den Wert ausgewogenen Handelns zu entdecken. *Das Bild:* Die Trostlosen umarmen und den Wert ausgewogenen Handelns verstehen, das gibt Glanz und Größe.

Kommentar: Die Zeiten erfordern es nun, auch schwierige Unternehmungen zu wagen. Dabei ist Weitherzigkeit gegenüber jenen geboten, die auf der dunklen Seite des Lebens stehen. Behalte stets das Ziel (»die Ferne«) im Auge. Um pflichtbewußt dem eigenen Weg zu folgen, mußt du die ehemaligen Gefährten ziehen lassen.

3 *Yang.* Keine Ebene ohne Neigung, kein Hingehen ohne Wiederkehr. In Zeiten der Not und der Drangsal sind die Beharrlichen und Wahrhaftigen ohne Makel; sie sollen nicht betrübt sein angesichts des Ernstes der Lage, denn sie werden reichlich zu essen und zu trinken haben. *Das Bild:* Keine Ebene ohne Neigung; das ist die Grenze von Himmel und Erde.

Kommentar: Du erkennst, daß die Zeiten des äußeren Gedeihens sich bald neigen werden. Bist du innerlich beharrlich und wahrhaftig, so gehst du auch diesen Zeiten gefaßt entgegen. In der Zwischenzeit erfreue dich noch an der vorhandenen Fülle.

4 *Yin.* Die Flatterhaften gedeihen nicht so wie die Leute in ihrer Umgebung. Sie gehen nicht achtsam mit ihrer Wahrhaftigkeit um. *Das Bild:* Flatterhaftsein und Nichtgedeihen verweisen auf einen Mangel an Substanz und Pflichterfüllung. Nicht achtsam mit der Wahrhaftigkeit umgehen bezieht sich auf inneres Begehren.

Kommentar: Du bist äußerst flatterhaft und unstet. Aus der näheren Umgebung ist keine Unterstützung zu erwarten. Du hängst dein Herz an verschiedene Dinge und achtest zu wenig auf die eigene Würde.

5 *Yin.* Der Kaiser verheiratet seine jüngere Schwester zum Segen, das ist sehr glückverheißend. *Das Bild:* Daß man segensreich wirkt und Glück verheißen bekommt, heißt, daß man seine Bestrebungen in ausgewogener Weise verwirklicht.

Kommentar: Das Yin auf fünftem Platz vermählt sich dem Yang auf zweitem Platz. Obwohl du selbst in hoher Stellung bist, gehst du in liebevoller Zuneigung eine Verbindung mit einer Person ein, die sich zwar in geringerer Stellung befindet, jedoch Zuverlässigkeit und Stärke verkörpert. Die Ausgewogenheit, die auch zukünftiges Glück verheißt, liegt darin, daß verschiedene Kräfte eine Verbindung eingehen und die Macht miteinander teilen.

6 *Yin.* Wenn die Mauern der Zitadelle in den Graben stürzen, setze keine Gewalt dagegen. Versuchst du von deiner eigenen Stadt aus Ordnung zu verkünden, so ist das beschämend, auch wenn es richtig ist. *Das Bild:* Die in den Graben stürzenden Mauern der Zitadelle bedeuten, daß die Ordnung auseinandergebrochen ist.

Kommentar: Der Niedergang, der sich schon in der dritten Linie ankündigte, hat nun eingesetzt. Jeder Versuch, ihm äußerlich entgegenzuwirken, ist sinnlos. Da du dich auf dem obersten Platz des Hexagramms befindest, dürftest du aber auch genügend inneren Frieden/Gelassenheit besitzen, um zu erkennen, daß dieser Niedergang Teil des natürlichen Kreislaufes ist. Am besten ist es nun, dich ganz auf deinen engsten Raum zurückzuziehen.

Die Widrigkeit der STOCKUNG ist nicht fördernd für die beharrliche Aufrichtigkeit edler Menschen. Das Große geht, das Kleine kommt.

Das Urteil

Die Widrigkeit der STOCKUNG ist nicht fördernd für edle Menschen, die beharrlich und aufrichtig sind; das Große geht, das Kleine kommt. Das heißt, wenn Himmel und Erde nicht aufeinander einwirken, erlangen die Dinge und Wesen keine Erfüllung. Wenn Oben und Unten nicht im Austausch sind, kann kein Land auf der Welt überleben. Ist das Yin innen und das Yang außen, so heißt dies, daß man innen schwach ist, aber nach außen kühn auftritt, daß man innen eine gewöhnliche Person ist, aber nach außen den Anschein einer edlen Person erwecken will; so ist der WEG des gewöhnlichen Menschen ohne Ende, und der WEG des edlen Menschen verliert sich.

Das Bild

Himmel und Erde wirken nicht aufeinander ein: das Bild der STOCKUNG; wenn solche Umstände herrschen, vermeiden edle Menschen Unheil durch die Tugend der Einfachheit, sie sind nicht bereit, nur um des Geldes willen zu arbeiten.

Die Wandlungslinien

1 *Yin.* Ziehe ein Bandgras aus,* so bringt es weitere von seiner Art gleich mit. Korrektheit bringt Glück und Erfolg. *Das Bild:* Wird ein Bandgras ausgezogen, so bringt Korrektheit Glück, weil die führende Persönlichkeit das Ziel bestimmt.

Kommentar: Es handelt sich um eine Zeit, in der keine großen Wirkungen im Außen erzielt werden können, ohne die Selbstachtung aufs Spiel zu setzen. Daher solltest du dich besser auf dich selbst zurückziehen. Gleichgesinnte stellen sich von selbst ein. Diese Haltung ist glückverheißend.

2 *Yin.* Unterwürfiges Verhalten ist glückbringend für gewöhnliche Menschen, für große Menschen bedeutet es Stockung, aber sie bewältigen die Situation erfolgreich. *Das Bild:* Wenn große Menschen Stockung erfahren, sie aber erfolgreich bewältigen, machen sie sich nicht mit den Massen gemein.

Kommentar: In einer Zeit der Unfruchtbarkeit könntest du versucht sein, nach jedem Mittel

---

* Vgl. den Kommentar zur ersten Linie von Hexagramm 11.

zu greifen, um die Lage zum Besseren zu wenden, auch wenn du dabei deine Grundsätze kompromittieren würdest. Es kann auch sein, daß du selbst von anderen in dieser Weise umschmeichelt wirst. Diesem Verlangen solltest du nicht nachgeben. Geduldiges Ausharren im Vertrauen auf bessere Zeiten ist nun im Einklang mit den Erfordernissen der Zeit.

3 *Yin.* Aufgenommenwerden ist beschämend. *Das Bild:* Das Beschämende an dem Umstand, aufgenommen zu werden, liegt darin, daß man in eine unangemessene Stellung gebracht wird.

Kommentar: Du hast dich mit unlauteren Mitteln in eine Stellung gebracht, der du letztlich nicht gewachsen bist. Dieser Zwiespalt wird nun von dir selbst empfunden, und du bist beschämt. Darin liegt die Chance, dich neu zu besinnen.

4 *Yang.* Gibt es Ordnung, kein Makel; Gefährten halten sich an die Segnungen. *Das Bild:* Wenn es Ordnung und keinen Makel gibt, wird das Ziel verwirklicht.

Kommentar: Es ist eine Zeit, in der kontinuierlicher Fortschritt wieder möglich ist. Da ist es gut, sich in den Dienst einer größeren Sache zu stellen, dann kommen Gleichgesinnte von selbst herbei, und alle ziehen Nutzen aus diesem segensreichen Tun.

5 *Yang.* Die Stockung hört auf, großen Menschen ist Glück beschieden; indem sie stets den Niedergang bedenken, sorgen sie dafür, daß ihnen die Mittel zum Lebensunterhalt sicher bleiben. *Das Bild:* Das Glück großer Menschen besteht darin, daß sie sich in der richtigen Stellung befinden.

Kommentar: Du befindest dich in zentraler Stellung und trägst Verantwortung. Nun, da die Zeiten sich zum Besseren wenden, ist größte Achtsamkeit erforderlich, damit das Erreichte nicht durch Sorglosigkeit verlorengeht. Wiege dich nie in Sicherheit.

6 *Yang.* Die Stockung wird besiegt; erst Stockung, dann Freude. *Das Bild:* Wenn die Stockung endet, dann bricht sie zusammen; was könnte ewig dauern?

Kommentar: Die Zeitumstände ermöglichen nun, die Stockung ganz zu beseitigen. Es ist eine Aufforderung, aktiv zu werden, denn von selbst geschieht nichts. Diese Tätigkeit bringt Freude.

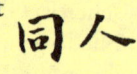

13. Gemeinsamkeit mit Menschen
TUNG JEN

GEMEINSAMKEIT MIT MENSCHEN in der Wildnis*
hat Erfolg. Es ist fördernd, große Flüsse zu überqueren. Es ist fördernd, aufrichtig zu sein wie
edle Menschen.

Das Urteil

In der GEMEINSAMKEIT MIT MENSCHEN findet die
Biegsamkeit ihren Platz und erlangt Ausgewogenheit; so reagiert sie auf das SCHÖPFERISCHE.
Das nennt man GEMEINSAMKEIT MIT MENSCHEN.
Wenn es heißt, daß GEMEINSAMKEIT MIT MENSCHEN
in der Wildnis Erfolg hat und daß es fördernd ist,
große Flüsse zu überqueren, so bezieht sich das
auf eine schöpferische Tätigkeit. Die zivilisierte
Welt reagiert mit Entsprechung, wenn ihre Stärke ausgewogen und rechtschaffen ist; das ist die
Korrektheit edler Menschen. Nur edle Menschen
verstehen die (unterschiedlichen) Denkungsar-
ten der Völker.

Das Bild

Himmel und Feuer: das Bild der GEMEINSAMKEIT
MIT MENSCHEN. So unterscheiden edle Menschen
alle Dinge und Wesen nach Gruppen und Arten.

---

* Bedeutung: Zusammenarbeit mit anderen in einer Situation objektiver Bedürftigkeit.

Die Wandlungslinien

1 *Yang.* Sei wie die Menschen am Tor, kein Makel. *Das Bild:* Und wer könnte es dir vorwerfen, wenn du so wärest wie die Menschen außerhalb des Tores?

Kommentar: Zu Beginn einer Gemeinschaft ist es wichtig, daß sie allen offensteht. Man tritt sich in Gleichheit gegenüber. Dieses Verhalten ist vorbildlich.

2 *Yin.* Bist du wie Menschen, die Sippenstolz pflegen, so führt das zu Reue. *Das Bild:* Paßt du dich anderen an, um eine Sippe zu bilden, so führt dies zu Beschämung.

Kommentar: Es besteht die Neigung zur Grüppchenbildung unter Ausschluß anderer Mitglieder der Gemeinschaft. Die Pflege solcher Sonderinteressen wird man zu bereuen haben.

3 *Yang.* Im Hinterhalt versteckte Krieger, man steigt auf einen hochgelegenen Aussichtspunkt; handle drei Jahre lang nicht. *Das Bild:* Im Hinterhalt versteckte Krieger: Dies bezieht sich auf eine Lage, in der starke Opposition vorhanden ist. Drei Jahre lang nicht handeln heißt Handeln in aller Ruhe.

Kommentar: Du suchst Gemeinschaft mit anderen, jedoch aus eigennützigen Motiven. Die anderen spüren dies und schließen sich in Aufrichtigkeit mit anderen zusammen. Nun versuchst du es vielleicht mit Hinterlist, spähst die anderen aus und unterstellst ihnen dieselben gemeinen Absichten. Aber die anderen sind stärker wegen ihrer Redlichkeit, und du kannst nichts ausrichten.

4 *Yang.* Wenn du die Mauern ersteigst, aber nicht mit Erfolg angreifen kannst, so bringt das Glück. *Das Bild:* Ersteigst du die Mauern, so ist es nur recht, daß du keinen Erfolg hast. Der glückliche Umstand besteht darin, daß du enttäuscht wirst und zur Normalität zurückkehrst.

Kommentar: Du bist verbohrt in deinen Eigensinn und vergrößerst dadurch nur die Trennung von den anderen Mitgliedern der Gemeinschaft. So gerätst du in die Isolation, und genau darin liegt die Chance zur Umkehr. Die Einsicht ist glückverheißend.

5 *Yang.* Gemeinsamkeit haben mit anderen; zuerst weinst du, dann lachst du: Die auf das Große gerichteten Kräfte erlangen den Sieg; dann halten sie Zusammenkünfte ab. *Das Bild:* Als jemand, der in der Gemeinschaft mit anderen in vorderster Reihe steht, räumst du einer ausgewogenen Aufrichtigkeit den ersten Platz ein; wenn die auf das Große gerichteten Kräfte Zusammenkünfte abhalten, so ist das maßgeblich, was sie sagen.

Kommentar: Zwei Menschen sind durch die

Einflußnahme Dritter voneinander getrennt. Das bringt große Trauer und Sorge mit sich. Doch halten sie innerlich an ihrer Gemeinsamkeit fest und ziehen daraus die Kraft, die notwendigen Auseinandersetzungen zu führen, um die Hemmnisse schließlich zu überwinden. Darauf folgt Lachen und Freude.

6 *Yang.* Man kann Gemeinsamkeit haben mit den Menschen am Rande, keine Reue. *Das Bild:* Gemeinsamkeit haben mit den Menschen am Rande bezieht sich auf Zeiten, da man sein Ziel noch nicht erreicht hat.

Kommentar: Entsprechend dem Platz der sechsten Linie befindest du dich am Rande der Gemeinschaft und strebst auch in eine andere Richtung. Dadurch bist du zwar nicht in die komplexen Beziehungen innerhalb der Gemeinschaft verwickelt, wie sie bei den anderen Linien gezeichnet sind, aber auch hier ist das Ziel echter Gemeinsamkeit nicht erreicht. Doch praktizierst du Gemeinsamkeit in äußeren Dingen und akzeptierst damit, was möglich ist.

14. Großer Besitz
DA YU

GROSSER BESITZ bedeutet Gelingen.

Das Urteil
In dem Zeichen GROSSER BESITZ nimmt die Biegsamkeit den entscheidenden Platz ein. Die Größe ist ausgewogen, Oben und Unten reagieren auf sie. Das nennt man GROSSEN BESITZ. Die entsprechenden Tugenden sind feste Stärke sowie geistige Klarheit und Bildung, die je nach den Erfordernissen der Zeit im Einklang mit der Natur das Handeln bestimmen; das ist der Grund für großes Gelingen.

Das Bild
Feuer oben am Himmel: das Bild des GROSSEN BESITZES. In dieser Lage gebieten edle Menschen dem Bösen Einhalt und fördern das Gute, sie gehorchen dem Himmel und unterstellen sich seiner Ordnung.

Die Wandlungslinien
1 *Yang.* Lasse dich nicht auf Dinge ein, die Schaden verursachen, dann bleibst du ohne Makel. Du bleibst ohne Makel, wenn du kämpfst. *Das Bild:* GROSSER BESITZ: am Anfang positiv; man

verwickelt sich nicht in Dinge, die Schaden verursachen.

Kommentar: Im Anfangsstadium von GROS- SEM BESITZ ist man noch »rein« und hat noch keine Anfechtungen erfahren. Doch sollte man sich bewußtmachen, daß großer Besitz leicht zu Mißbrauch verführt. Wer davor stets auf der Hut ist, macht keinen Fehler.

2 *Yang.* Verwendest du einen großen Wagen zum Transport und kennst dein Ziel, kein Makel. *Das Bild:* Einen großen Wagen zum Transport verwenden heißt, daß die Last in der Mitte ruht, so daß sie nicht verrutschen kann.

Kommentar: Wer mit großem Besitz (geisti- ger, materieller oder gefühlsmäßiger Natur) begabt ist, hat die Verpflichtung, ihn zu nut- zen, das heißt zu bewegen. Da ist es gut, sich zu überlegen, mit welchen Mitteln und zu wel- chem Zweck dies geschehen kann. Die Mittel können Dinge oder Personen sein, die einem helfen, die »Last« zu tragen. Die Vorausset- zungen dafür sind gegeben.

3 *Yang.* Arbeit, die dem öffentlichen Wohl dient, erreicht den Herrscher. Geringe Men- schen sind dazu nicht fähig. *Das Bild:* Wäh- rend Arbeit zum öffentlichen Wohl den Herr- scher erreicht, richten geringe Menschen nur Schaden an.

Kommentar: Das Schlimmste, was geschehen

kann, wäre, dich persönlich an dem großen Besitz zu bereichern. Das Beste wäre, zu erkennen, daß dieser Besitz zum Wohl der Allgemeinheit verwendet werden soll, denn nur dazu ist er dir verliehen worden.

4 *Yang.* Es ist kein Fehler, alles abzulehnen, was nicht ausgewogen und nicht geradeheraus ist. *Das Bild:* Daß man ohne Fehler bleibt, wenn man Übermaß und Falschheit ablehnt, heißt, daß man sie zu unterscheiden und zu analysieren versteht.

Kommentar: Es besteht die Gefahr, daß du nach rechts und links schaust und die Nachbarn um ihren GROSSEN BESITZ beneidest oder versuchst, es ihnen gleichzutun. Doch besitzt du genügend Klarheit, um die Gefahr zu erkennen, und wendest dich den eigenen Angelegenheiten zu.

5 *Yin.* Vertrauen, das auf Gegenseitigkeit beruht und von Würde erfüllt ist, ist glückverheißend. *Das Bild:* Vertrauen, das auf Gegenseitigkeit beruht, heißt, daß die Menschen freimütig äußern können, was sie denken. Würde, die glückverheißend ist, ist mühelos und rückhaltlos.

Kommentar: Diese einzige Yin-Linie im ganzen Hexagramm steht auf geehrtem Platz. Sie ist innen »leer«, das heißt, sie baut auf Vertrauen, und dieses Vertrauen wird von den Yang-

Linien erwidert. Hinzu kommt ein Bewußtsein für die eigene Würde, das verhindert, daß
das Vertrauen von anderen mißbraucht wird.

6 *Yang.* Das Glück, das durch die Hilfe des
Himmels kommt, könnte für alle Segen bringen. *Das Bild:* Das erhabene Glück GROSSEN
BESITZES kommt durch die Hilfe des Himmels.
Kommentar: Hier ist ein weiser Mensch gezeichnet, dem Erfolg und Fülle zuteil werden.
Er schreibt sich diese Verdienste nicht selber
zu, sondern weiß sie als Geschenke des Himmels zu schätzen. Daher reicht er den Segen,
den er empfängt, an die Menschen weiter.

BESCHEIDENHEIT hat Gelingen. Edle Menschen bringen etwas zum Abschluß.

Das Urteil

BESCHEIDENHEIT hat Gelingen; es entspricht dem WEG des Himmels, denen, die unten sind, zu helfen und sein Licht leuchten zu lassen. Es entspricht dem WEG der Erde, aus der Niedrigkeit emporzuwachsen. Der WEG des Himmels mindert die Sattheit und füllt die Bescheidenheit auf; der WEG der Erde nimmt von der Sattheit und läßt es den Bescheidenen zufließen. Die (Schicksals-) Geister und Gottheiten fügen den Satten Schaden zu und bringen den Bescheidenen Segen. Es ist der WEG des Menschen, die Satten abzulehnen und die Bescheidenen zu lieben. BESCHEIDENHEIT ist edel und leuchtet; trotz Niedrigkeit kann man nicht übergangen werden. Dies ist der Abschluß, den edle Menschen erreichen.

Das Bild

Berge inmitten der Erde: das Bild der BESCHEIDENHEIT. Edle Menschen nehmen von denen, die zuviel haben, und geben denen, die zuwenig ha-

---

ben; so schätzen sie die Menschen ein und behandeln sie gerecht.

Die Wandlungslinien

1 *Yin.* Wenn wahrhaft bescheidene Edle dies nutzen, um große Flüsse zu überqueren, so wird ihnen Glück beschieden sein. *Das Bild:* Wenn wahrhaft bescheidene Edle an niedriger Stelle sind, so nutzen sie dies, um ihr eigener Meister zu werden.

Kommentar: Hier wird die äußerste Bescheidenheit angesprochen. Vielleicht geht sie so weit, daß du sie selbst nicht wahrnimmst, oder du wirst von anderen so gut wie nicht bemerkt. Mit dieser äußerst anspruchslosen Haltung kannst du auch schwierige Dinge anpacken, die du ohne Aufhebens Stück für Stück zu Ende bringst.

2 *Yin.* Bescheidenheit zu äußern ist glückverheißend, wenn sie wahrhaftig ist. *Das Bild:* Bescheidenheit ist wahrhaftig, wenn sie wirklich im Herzen wohnt.

Kommentar: Du bist mit Aufgaben betraut, die du zur Zufriedenheit aller ausführst, ohne dich dessen zu rühmen. Darin äußert sich wirkliche Bescheidenheit, die sichtbare Wirkungen hervorbringt.

3 *Yang.* Edlen Menschen, die hart arbeiten und dennoch bescheiden sind, ist am Ende Glück

beschieden. *Das Bild:* Alle Menschen sind bereit, edlen Menschen zu folgen, die hart arbeiten und dennoch bescheiden sind.

Kommentar: Du bist am Punkt der härtesten Arbeit, aber auch des sich abzeichnenden Lohnes angelangt. Es wird dir gelingen, das Werk mit Hilfe anderer Menschen zu Ende zu führen, wenn du deiner bescheidenen Haltung treu bleibst.

4 *Yin.* Bescheidenheit verbreiten; nichts, das nicht fördernd wäre. *Das Bild:* Nichts, das nicht fördernd wäre, wenn du Bescheidenheit verbreitest, das heißt, nicht gegen die Regeln verstößt.

Kommentar: Du bekleidest eine verantwortungsvolle Zwischenstellung: Auf der einen Seite bist du denen verpflichtet, die dich mit Aufgaben betrauen; ihnen gegenüber sei annahmebereit. Auf der anderen Seite kannst du dich auf tüchtige Gehilfen stützen; ihre Verdienste solltest du würdigen. »Bescheidenheit verbreiten« heißt auch, diese Haltung gegenüber allen Aspekten des Lebens einzunehmen.

5 *Yin.* Wenn sich durch die Nachbarn kein Gedeihen einstellt, ist es fördernd anzugreifen; alle werden davon Nutzen haben. *Das Bild:* Es ist fördernd anzugreifen, daß heißt, die Unzufriedenheit zu überwinden.

Kommentar: Du hast die Aufgabe, dafür zu

sorgen, daß sich der Sinn des Zeichens DIE BESCHEIDENHEIT erfüllt: Wegzunehmen, wo etwas im Übermaß ist, und es dorthin zu lenken, wo Bedürftigkeit herrscht. Das kann auch energisches Eingreifen erfordern. Du kannst dabei deine Bescheidenheit wahren, indem du ausschließlich der Sache dienst, ohne andere durch anmaßendes Verhalten zu verletzen.

6 *Yin.* Wenn die Bescheidenheit sich äußert, ist es fördernd, energisch die eigene Stadt anzugreifen. *Das Bild:* Wenn die Bescheidenheit sich äußert, so heißt dies, daß man sein Ziel noch nicht erreicht hat; dann ist es gerechtfertigt, die eigene Stadt energisch anzugreifen. *Kommentar:* Im Gegensatz zur untersten Linie, wo die Bescheidenheit »unsichtbar« ist, ist sie hier aufgrund deiner exponierten Stellung für alle sichtbar. In dieser Lage ist höchste Selbstdisziplin erforderlich, um die innere Bescheidenheit zu wahren. Unter dem »Angriff auf die eigene Stadt« ist ein Kampf gegen die eigene Selbstgefälligkeit zu verstehen.

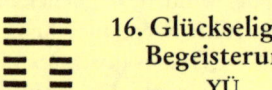 

16. Glückseligkeit / Begeisterung
YÜ

GLÜCKSELIGKEIT; fördernd ist es, Gehilfen einzusetzen und alle Kräfte auf ein Ziel hin auszurichten.

Das Urteil

Das Starke ist empfänglich, und Ziele werden erreicht; auf harmonische Weise wirken, das heißt GLÜCKSELIGKEIT. Da GLÜCKSELIGKEIT auf harmonische Weise wirkt, verhalten sich Himmel und Erde ebenso; wieviel mehr gilt es da, Gehilfen einzusetzen und alle Kräfte auf ein Ziel hin auszurichten. Da Himmel und Erde im Einklang wirken, verlassen Sonne und Mond nicht ihre Bahn, und die vier Jahreszeiten weichen nicht ab von ihrer Ordnung. Da Weise im Einklang wirken, sind die Strafen klar, und die Menschen fügen sich. Die Bedeutung der Zeiten, da GLÜCKSELIGKEIT herrscht, ist wahrlich weitreichend.

Das Bild

Der Donner tönt aus der Erde: das Bild der GLÜCKSELIGKEIT. So ließen die Herrscher der Vergangenheit Musik erklingen, um die Tugend zu ehren; sie brachten sie in Fülle der Gottheit zum Opfer dar und luden ihre Ahnen dazu ein.

Die Wandlungslinien

1 *Yin.* Sich der Glückseligkeit laut zu rühmen bringt Unglück. *Das Bild:* Schwach auf dem ersten Platz. Rühmst du dich laut der Glückseligkeit, so wirst du unglücklich sein, wenn dein Wille durchkreuzt wird.

Kommentar: Selber schwach, stehst du in Beziehung zu einer starken Persönlichkeit und rühmst dich laut dieser Beziehung oder der Projekte, die du verwirklichen willst. Dein Bestreben, dich als stärker darzustellen, als du in Wirklichkeit bist, bringt Unglück.

2 *Yin.* Fest wie ein Felsen, nicht den ganzen Tag benötigend, sei wahrhaftig, dann wird dir Glück beschieden sein. *Das Bild:* Glück wird dir beschieden sein, insofern als du in der rechten Weise ausgewogen bist.

Kommentar: Du verstehst es, die Zeichen der Zeit richtig zu deuten, und zögerst nicht, unabhängig von dem, was andere tun, zu handeln. Deine Entschlossenheit ist felsenfest und entspringt innerer Wahrhaftigkeit.

3 *Yin.* Schaust du nach oben in Erwartung von Glückseligkeit, so wirst du dies zu bedauern haben. Kommst du zu spät, so wirst du dies bedauern. *Das Bild:* Daß du es bedauern wirst, in Erwartung von Glückseligkeit nach oben geschaut zu haben, heißt, daß du deine Stellung nicht richtig zu handhaben verstehst.

Kommentar: Du fühlst dich angezogen von einer starken, dir überlegenen Persönlichkeit. Du blickst zu ihr auf und versäumst darüber eigenes, entschlossenes Handeln. Das gibt Anlaß zu Bedauern.

4 *Yang.* Am Ursprung der Freude gibt es großen Gewinn; zweifle nicht daran, daß Gleichgesinnte sich einfinden werden. *Das Bild:* Am Ursprung der Freude sein und großen Gewinn haben heißt, daß man ein Ziel vollständig erreicht.

Kommentar: Begeisterung und Freude gehen von dir aus. Du bist der Anfang einer neuen Bewegung, einer neuen Unternehmung. Deine innere Stärke und Sicherheit vermögen die Bedenken der anderen Menschen in deiner Umgebung zu zerstreuen. Sammle sie um dich, und führe das Werk mit ihnen gemeinsam zum Ziel.

5 *Yin.* Hast du Schmerzen, so sei standhaft, dann wirst du überdauern, ohne zu sterben. *Das Bild:* Standhaft zu sein, wenn du Schmerzen hast, bedeutet hier, auf deine Kraft zu bauen; zu überdauern, ohne zu sterben, heißt, daß du dein Gleichgewicht nicht verlierst.

Kommentar: Du befindest dich in einer Situation, die große Spannungen in dir verursacht. Du möchtest begeistert voran, wirst aber von einer anderen Kraft oder Person zurückgehalten, die dich für ihre Ziele gebrauchen möchte. Dieser Umstand hat auch sein Gutes, da er dich davor bewahrt, deine Kräfte in leerer Begeisterung zu vergeuden. Vertraue der Kraft deiner eigenen Mitte, so wirst du diese schwierige Zeit überstehen.

6 *Yin.* Verblendete Glückseligkeit, die ihre Zeit gehabt hat, unterliegt dem Wandel; niemand ist schuld. *Das Bild:* Verblendete Glückseligkeit auf dem Höhepunkt; was könnte ewig dauern?

Kommentar: Was du erreichen wolltest, ist vollendet, aber eine innere Dynamik treibt dich noch. Daher ist deine Wahrnehmung getrübt. Es wäre jetzt gut, das Gefühl der Leere zuzulassen, denn daraus wird mit der Zeit etwas Neues entstehen.

17. Das Nachfolgen
SUI

DAS NACHFOLGEN hat erhabenes Gelingen, es ist fördernd, wenn es in der rechten Weise geschieht; dann ist kein Makel.

Das Urteil

In dem Zeichen DAS NACHFOLGEN kommt die Festigkeit unter (den Einfluß der) Biegsamkeit, voller Freude folgt sie deren Wirken. Wenn erhabenes Gelingen stimmig ist, gibt es keinen Makel, und die Welt folgt den Jahreszeiten. Die Bedeutung, die darin liegt, den Jahreszeiten zu folgen, ist wahrlich groß.

Das Bild

Donner im See: das Bild des NACHFOLGENS; so kehren edle Menschen bei Sonnenuntergang ein und ruhen sich aus.

Die Wandlungslinien

1 *Yang.* Kommt es zu Veränderungen, was die Pflichten angeht, so ist dies glückverheißend, wenn sie stimmig sind. Beziehungen außerhalb des Tores sind verdienstvoll. *Das Bild:* Kommt es zu Veränderungen bei den Pflich-

ten, soll man sich an das halten, was recht ist. Daß Beziehungen außerhalb des Tores verdienstvoll sind, heißt, daß man niemanden überrumpelt.

Kommentar: Zwar befindest du dich innerhalb eines Beziehungsgefüges an der maßgeblichen Stelle, aber du drängst anderen nicht deine Meinung auf, sondern läßt dich von ihren Vorstellungen leiten. Damit erfüllst du die Erfordernisse der Zeit. Zusätzlich besteht deine Aufgabe darin, über die vertrauten Beziehungen hinaus aufrichtige Kontakte zu Andersdenkenden aufzunehmen und dadurch deine Wirkungsmöglichkeiten zu erweitern.

2 *Yin.* Läßt du dich auf ein Kind ein, so verlierst du einen Erwachsenen. *Das Bild:* Dich auf ein Kind einlassen heißt, nicht gleichzeitig in Gesellschaft eines Kindes und eines Erwachsenen zu sein.

Kommentar: Du stehst zwischen zwei Einflüssen, die nicht miteinander vereinbar sind. Du neigst dazu, dich an Personen oder Vorstellungen zu hängen, die unreif (»Kind«) und unzuverlässig sind. Es wäre besser, dich dem »Erwachsenen« zuzuwenden. Auf jeden Fall mußt du dich für eine Seite entscheiden.

3 *Yin.* Läßt du dich auf einen Erwachsenen ein, so verlierst du ein Kind. Wenn du nachfolgst in dem Wunsch, etwas zu gewinnen, so ist es

fördernd, beharrlich zu bleiben. *Das Bild:* Dich auf einen Erwachsenen einzulassen heißt, dich im Herzen zu entschließen, das Geringe hinter dir zu lassen.

Kommentar: Mag sein, daß du noch ein wenig zögerst, weil es dir an Ernsthaftigkeit fehlt, doch gibt es keinen Zweifel, daß du dich den reiferen Menschen beziehungsweise Vorstellungen anschließen solltest, wenn du innerlich wachsen willst. Dazu bietet sich jetzt die Möglichkeit. Achte darauf, in diesem Entschluß nicht zu wanken.

4 *Yang.* Übst du Nachfolge in einer Haltung der Aneignungssucht, so bringt dies Unheil, selbst wenn du beharrlich bist. Hast du aber Wahrhaftigkeit und bleibst durch Klarheit auf dem WEG, wie könnte dies schaden? *Das Bild:* Nachfolge zu üben in einer Haltung der Aneignungssucht macht keinen Sinn und bringt Unheil. Wahrhaftigkeit zu besitzen und auf dem WEG zu bleiben, das ist das Ergebnis von Klarheit.

Kommentar: Du befindest dich in einer einflußreichen, aber nicht unabhängigen Stellung. Achte darauf, daß du sie nicht zu persönlichem Gewinnstreben benutzt, sondern der größeren Sache oder Idee dienst. Je klarer du selbst bist, desto aufrichtiger wirst du andere zu freudiger und selbstloser Nachfolge anregen.

5 *Yang.* Aufrichtigkeit im Guten ist glückverheißend. *Das Bild:* Aufrichtigkeit im Guten
heißt, deine Stellung ist angemessen und zen-
tral.

Kommentar: Du befindest dich in zentraler,
einflußreicher und selbständiger Position. In
deinem Wirken unterstellst du dich der kosmischen Weisheit und erfüllst damit den Gedanken des NACHFOLGENS im besten Sinne.

6 *Yin.* Wirst du durch irgendwelche Bande zurückgehalten, so fügst du dich dieser Bindung.
Ein König bringt Opfer dar. *Das Bild:* Durch
irgendwelche Bande zurückgehalten werden
heißt, daß du höher nicht steigen kannst.

Kommentar: Dies ist der Platz des Weisen. Du
wirst von jemandem in leitender Stellung ge-
beten, deine Lebenserfahrung einzubringen,
obwohl du dich schon aus allen Geschäften
zurückziehen wolltest. Für deinen Einsatz
wirst du entsprechend geehrt.

ZERRISSENHEIT führt zu erhabenem Erfolg. Es ist fördernd, große Flüsse zu überqueren. Drei Tage vorher, drei Tage nachher.

Das Urteil

In dem Zeichen DIE ZERRISSENHEIT ist oben Härte, unten Weichheit; der Atem des Windes wird gehemmt und zerrissen. Wenn ZERRISSENHEIT zu erhabenem Erfolg führt, ist die Welt befriedet. Es ist günstig, große Flüsse zu überqueren, das heißt, daß dein Handeln zielgerichtet sein sollte. Drei Tage vorher, drei Tage nachher bezieht sich auf eine schöpferische Tätigkeit, die von neuem beginnt, nachdem sie beendet ist.

Das Bild

Es ist Wind unter einem Berg, er ist zerrissen. Edle Menschen regen andere dazu an, ihre Tugenden zu entwickeln.

Die Wandlungslinien

1 *Yin.* Arbeitet ein Sohn an dem, was beim Vater zerrissen war, so bleibt der verstorbene Vater

---

ohne Makel. Gibt er sich Mühe, so ist ihm am Ende Glück beschieden. *Das Bild:* Zu arbeiten an dem, was beim Vater zerrissen war, heißt, daß man entschlossen ist, beim verstorbenen Vater anzuknüpfen.

Kommentar: Es ist Arbeit zu leisten an dem, was in bezug auf das »Männliche« nicht heil ist und was bereits aus der Vergangenheit herrührt. Hier, auf der untersten Linie, hast du noch den gebührenden Abstand, um die Gefahren der Zerrissenheit und ihrer Überwindung zu sehen. Gehst du vorsichtig und entschlossen ans Werk, so geht schließlich alles gut.

2 *Yang.* Arbeit an dem, was bei der Mutter zerrissen war, doch sollte man dabei nicht zu beharrlich vorgehen. *Das Bild:* An dem zu arbeiten, was bei der Mutter zerrissen war, heißt, einen Weg der Ausgeglichenheit zu suchen.

Kommentar: Hier gilt es Arbeit zu leisten an dem, was in bezug auf das »Weibliche« nicht heil ist und was bereits aus der Vergangenheit herrührt. Geh dabei sanft und stetig vor, ohne die Dinge treiben zu lassen, aber auch ohne sie zu forcieren.

3 *Yang.* Arbeit an dem, was beim Vater zerrissen war: Es gibt ein wenig Reue, aber keinen ernsthaften Makel. *Das Bild:* Arbeite an dem, was

beim Vater zerrissen war, und schließlich wird alles gut.

Kommentar: Du gehst vermutlich eher unüberlegt und übereilt bei deiner Arbeit vor. Das wird dir gewisse Rückschläge und Tadel einbringen. Doch ist insgesamt ein Zuviel besser als ein Zuwenig, so daß deine Bemühungen schließlich günstig für dich ausgehen.

4 *Yin.* Dulden dessen, was beim Vater zerrissen war; gehst du hin, so erfährst du Beschämung. *Das Bild:* Dulde, was beim Vater zerrissen war, du kannst noch nicht hingehen.

Kommentar: Aus innerer Schwäche unternimmst du nichts, um das, was im Bereich des Männlichen verdorben ist, zu heilen. Vielleicht redest du dir ein, »man könne da nichts machen«. Auch wenn du äußerlich nicht viel tun kannst, wäre es hilfreich für die Situation, deine innere Einstellung zu ändern.

5 *Yin.* Bei der Arbeit an dem, was beim Vater zerrissen war, verwende Lob. *Das Bild:* Lob zu verwenden bei der Arbeit am Vater heißt, dem zu folgen, was tugendhaft und lobenswert ist.

Kommentar: Du siehst dich in die Verantwortung gestellt, Verhältnisse zurechtzurücken, die aus der Vergangenheit herrühren und etwas mit falsch verstandener Männlichkeit zu tun haben. Dabei kommen dir zwei Umstände zu Hilfe: Erstens vermagst du dich ganz deiner Intuition, das heißt der kosmischen Weisheit zu öffnen, und zweitens kannst du auf zuverlässige Hilfe vertrauen, denn allein könntest du die Aufgabe nicht erfüllen. Dein Tun ist lobenswert, und du solltest auch bei den anderen nicht mit Lob zurückhalten.

6 *Yang.* Arbeite nicht für Könige und Fürsten, stecke dir höhere Ziele. *Das Bild:* Dein Streben ist vorbildlich, wenn es nicht Königen und Fürsten dient.

Kommentar: Auf dem Platz der sechsten Linie stehst du bereits außerhalb der als ZERRISSENHEIT beschriebenen Situation dieses Hexagramms. So hast du den größeren Überblick und mußt dich nicht in die Tagesgeschäfte einmischen. Doch hast du die Verpflichtung, bei aller Zurückgezogenheit in noch größerem Maße an dir selbst zu arbeiten, was indirekt der ganzen Menschheit zugute kommt.

19. Die Annäherung
LIN

Damit DIE ANNÄHERUNG erhabenen Erfolg hat, ist es fördernd, aufrichtig und wahrhaftig zu sein. Gelangt man zum achten Monat,* so gibt es Unheil.

Das Urteil

In dem Zeichen DIE ANNÄHERUNG nimmt die Kraft allmählich zu. Freudiger Einklang, das Starke ist ausgewogen und empfänglich. Erhabenen Erfolg durch eine aufrichtige und wahrhaftige Haltung zu erlangen, das ist der WEG des Himmels. Gelangt man zum achten Monat, so gibt es Unheil, das heißt, das Abnehmen wird nicht lange auf sich warten lassen.

Das Bild

Erde über einem Sumpf: das Bild der ANNÄHERUNG. Unerschöpflich im Lehren und Nachsinnen nehmen sich die Edlen des Volkes an und schützen es ohne Grenzen.

---

* Der achte Monat bedeutet, daß die Yang-Kraft wieder abzunehmen beginnt.

Die Wandlungslinien

1 *Yang.* Einfühlsame Annäherung ist günstig, wenn sie aufrichtig und wahrhaftig ist. *Das Bild:* Einfühlsame Annäherung bedeutet, daß die Ziele und das Handeln korrekt sind.

Kommentar: Du folgst einem Ruf und beginnst etwas Neues. Es könnte sein, daß du jemandem zuarbeitest, der eher die inhaltliche Seite der Unternehmung vertritt und voranbringt. Alles ist fördernd, wenn du stets darauf achtest, selbst korrekt zu bleiben.

2 *Yang.* Einfühlsame Annäherung, die günstig ist, nimmt niemanden von dem Nutzen aus. *Das Bild:* Einfühlsame Annäherung nimmt niemanden vom Nutzen aus, auch diejenigen nicht, die den Weisungen noch immer nicht folgen.

Kommentar: Bestimmte Anliegen sind dir jetzt wichtig, und du ergreifst die Initiative. Bei Vorgesetzten findest du Zustimmung. Du weißt, daß die Gunst der Zeit nicht ewig währt, doch wird dich das von deinem Vorhaben nicht abbringen, und das ist gut so. Da dein Handeln vom Herzen ausgeht, wird niemand von dem Nutzen, der daraus entsteht, ausgeschlossen.

3 *Yin.* Kindische Annäherung bringt keinen Nutzen. Kommt darüber Bekümmerung auf, so geht alles gut. *Das Bild:* Kindische Annähe-

rung bedeutet, daß du in einer Lage bist, die du nicht zu handhaben verstehst. Sobald du aber Bekümmerung darüber empfindest, werden deine Schwierigkeiten nicht zunehmen.

Kommentar: Du kommst mit deinen Vorhaben rasch voran, ohne auf Hindernisse zu stoßen. Alles geht so leicht und heiter, daß dein Sinn für die Realität darunter leiden könnte und du dein Ziel aus den Augen verlierst. Besinne dich auf deine Verantwortung, dann geht alles gut.

4 *Yin.* Vollkommene Annäherung ist ohne Makel. *Das Bild:* Mit vollkommener Annäherung handhabst du deine Stellung in der rechten Art.

Kommentar: Die Lage ist gekennzeichnet durch gegenseitiges Vertrauen. Du verwendest deinen Einfluß, um andere zu fördern, die in geringerer Stellung sind, aber gern ihre Kompetenzen in ein gemeinsames Vorhaben einbringen. So kommt es zu gedeihlicher Zusammenarbeit.

5 *Yin.* Verständige Annäherung ist einer großen Führungspersönlichkeit angemessen; sie ist günstig. *Das Bild:* Ausgewogenheit im Handeln, das ist einer großen Führungspersönlichkeit angemessen.

Kommentar: Du bist in einer führenden Position und erfüllst dafür alle Voraussetzungen.

Du verstehst es, die rechten Leute für dein Vorhaben auszuwählen und sie mit den erforderlichen Kompetenzen auszustatten, so daß sie selbständig ihre Aufgaben wahrnehmen können. Das ist vorbildliche Führung, die glückverheißend ist.

6 *Yin.* Aufmerksame Annäherung ist günstig; es gibt keine Schwierigkeiten. *Das Bild:* Aufmerksame Annäherung ist günstig, da der Wille nach innen gerichtet ist.

Kommentar: An sich befindest du dich außerhalb des Geschehens in der Position des erfahrenen, weisen Menschen. Doch in Übereinstimmung mit dem Sinn dieses Hexagramms wendest du dich den Menschen zu und läßt sie an deinen Erfahrungen teilhaben, indem du eine lehrende oder beratende Tätigkeit ausübst.

20. Die Betrachtung
GUAN

BETRACHTUNG der rituellen Waschung, bevor das Opfer dargebracht wird; es herrscht ein ehrfurchtsvoller Ernst.

Das Urteil

Die Erhabenen oben werden betrachtet, harmonisch und milde ist ihr Anblick, er zeigt der Welt Ausgewogenheit und Aufrichtigkeit. DIE BETRACHTUNG der rituellen Waschung, bevor das Opfer dargebracht wird, geschieht in ehrfurchtsvollem Ernst; die Untenstehenden betrachten (die Handlung) und werden ergriffen. Die vier Jahreszeiten weichen nicht ab von ihrem Kurs, so zeigen sie die geistige Ordnung des Naturgeschehens. Wenn weise Menschen den geistigen WEG zur Bildung verwenden, folgt ihnen die ganze Welt.

Das Bild

Der Wind, der über die Erde streift: das Bild der BETRACHTUNG. So erkundeten die alten Könige die Gebiete (ihres Landes) und betrachteten das Volk, um es entsprechend zu bilden.

Die Wandlungslinien

1 *Yin.* Kindliche Betrachtung, für gewöhnliche Menschen kein Makel, für edle Menschen beschämend. *Das Bild:* Kindliche Betrachtung, die zu Beginn schwach ist, das entspricht dem gewöhnlichen Menschen.

Kommentar: Die unterste Linie ist am weitesten vom Gegenstand der Betrachtung entfernt und versteht am wenigsten, was sie sieht. Für einen noch unreifen Menschen ist das normal, handelt es sich aber um eine erwachsene Person, so ist dies beschämend. Sie sollte sich bemühen, tiefer in den Sinn des Gegenstands der Betrachtung (und Orakelbefragung) einzudringen.

2 *Yin.* Betrachtung, indem man durch ein Guckloch späht; es ist fördernd, tugendhaft wie eine Frau zu sein. *Das Bild:* Betrachten, indem man durch ein Guckloch späht, behindert, selbst wenn du tugendhaft bist wie eine Frau.

Kommentar: Die eigene Betrachtungsweise ist ganz auf das Praktische, Irdische beschränkt. Das kann von Nutzen sein, wenn du deine Erkenntnisse in den Dienst einer Person stellst, die andere, weiterreichende Aspekte aus ihrer Sicht ergänzt. Bleibst du aber ganz auf deine persönliche Sicht beschränkt, obwohl die Angelegenheit mehr Weitblick erfordert, so ist dies nicht günstig.

3 *Yin.* Betrachte das Auf und Ab in deinem eigenen Leben. *Das Bild:* Betrachtest du das Auf und Ab in deinem eigenen Leben, so hast du den WEG noch nicht verloren.

Kommentar: Du möchtest wohl Fortschritte machen, bist aber unsicher, wohin der Weg dich führt. Da ist es ratsam, deinen Blick von den äußeren Dingen abzuwenden und nach innen beziehungsweise in die Vergangenheit zu richten. Betrachte dein bisheriges Tun in dem, was es bewirkt hat, so kannst du entscheiden, ob Voranschreiten oder Rückzug angesagt ist.

4 *Yin.* Betrachtung des Glanzes eines Landes; fördernd ist es, Gast bei seinem König zu sein. *Das Bild:* Den Glanz eines Landes zu betrachten bezieht sich auf die Art, wie es seine Gäste wertschätzt.

Kommentar: Du besitzt eine ungewöhnlich umfassende Sicht der Verhältnisse und ein gesundes Urteilsvermögen. Diese Fähigkeiten solltest du in den Dienst einer größeren Unternehmung einbringen, aber achte darauf, dabei eine unabhängige Stellung zu bewahren.

5 *Yang.* Indem sie ihr eigenes Leben betrachten, bleiben edle Menschen ohne Makel. *Das Bild:* Das eigene Leben zu betrachten heißt, das Volk als Ganzes zu betrachten.

Kommentar: Du bist in einer Stellung, wo die

Blicke anderer auf dich gerichtet sind. Da ist es besonders wichtig, daß du dich stets selber prüfst. Das geschieht am besten, indem du betrachtest, welche Wirkungen von deinem Tun ausgehen und wie der Einfluß beschaffen ist, den du auf andere ausübst.

6 *Yang.* Indem sie ihr Leben betrachten, bleiben edle Menschen ohne Makel. *Das Bild:* Sie betrachten ihr Leben, da ihr Geist noch nicht zur Ruhe gekommen ist.

Kommentar: Auf der obersten Linie stehst du gewissermaßen »über den Dingen«. Du findest die Gesetze, die das Universum regieren, in dir selbst anstatt in der Betrachtung des Außen. Dennoch bist du nicht völlig von der Welt losgelöst, sondern stellst deine objektive Sicht, deine Erkenntnis der Relativität aller Dinge in den Dienst der Menschen.

21. Das Durchbeißen
SCHÏ HO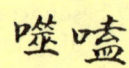

DURCHBEISSEN* mit Erfolg ist nützlich in der Ausübung des Rechts.

Das Urteil

Etwas zwischen den Kiefern zu haben, das nennt man DAS DURCHBEISSEN. Durchbeißen und Durchkommen. Härte und Weichheit sind getrennt; Bewegung und Klarheit. Donner und Blitz bilden zusammen ein Muster. Die Biegsamkeit ist ausgewogen und strebt aufwärts; obwohl sie nicht in der Verantwortung steht, ist sie nützlich bei der Ausübung des Rechts.

Das Bild

Donner und Blitz: das Bild des DURCHBEISSENS. Die alten Könige verbreiteten Gesetze mit klar festgesetzten Strafen.

Die Wandlungslinien

1 *Yang.* Hindern dich Schranken daran, in deiner Bahn fortzufahren, so bist du ohne Makel.

---

* Ein hartnäckiges Hindernis – bei sich selbst oder bei anderen – durch energisches Handeln, sozusagen mit einem Streich beenden.

Das Bild: Schranken, die dich daran hindern, in deiner Bahn fortzufahren, bedeuten, daß du nicht handelst.

Kommentar: Du bist im Begriff, dich in etwas hineinzustürzen, das nicht rechtmäßig ist. Glücklicherweise wirst du schon in den Anfängen zur Ordnung gerufen und am Weitermachen gehindert.

2 *Yin.* Du beißt in die Haut und schneidest die Nase ab, kein Makel. *Das Bild:* In die Haut beißen und die Nase abschneiden, das bedeutet, daß man äußerste Strenge walten läßt.

Kommentar: Du hast es mit einem besonders hartnäckigen Fall zu tun und läßt es daher nicht bei leichteren Strafen bewenden, sondern greifst zu schmerzhaften Maßnahmen. Doch ist dein Handeln gerechtfertigt.

3 *Yin.* Du beißt auf gedörrtes Fleisch und triffst auf Giftiges; kleine Beschämung, doch kein Makel. *Das Bild:* Auf Giftiges treffen heißt, daß man nicht am rechten Platz ist.

Kommentar: Das gedörrte Fleisch deutet darauf hin, daß es sich um eine alte Sache handelt, die zur Bestrafung ansteht. Du mußt Strafen durchsetzen, obwohl du nicht die dazu nötige Autorität besitzt. So kommt es zu Intrigen (»Giftiges«), die dir eine gewisse Beschämung einbringen, aber objektiv ist dein Handeln gerechtfertigt.

4 *Yang.* Du beißt auf gedörrtes Knorpelfleisch und findest einen goldenen Pfeil. Es ist fördernd, mit Sorgfalt vorzugehen; es ist fördernd, beharrlich und aufrichtig zu sein. *Das Bild:* Es ist fördernd, mit Sorgfalt vorzugehen sowie beharrlich und aufrichtig zu sein, wenn du noch kein Ansehen erlangt hast.

Kommentar: Die Angelegenheit, die du »durchzubeißen« beziehungsweise zu bereinigen hast, ist alt und äußerst zäh, doch besitzt du die besten Voraussetzungen zu verstehen, welcher Art die Schwierigkeiten/Hemmnisse sind. Auch wenn es große Mühen kostet, wirst du imstande sein, sie zielgerichtet zu beseitigen. Der Erfolg ist gewiß.

5 *Yin.* Du beißt auf gedörrtes Fleisch und findest gelbes Gold. Bleibst du beharrlich angesichts der Gefahr, so droht kein Unheil. *Das Bild:* In der Gefahr beharrlich bleiben und kein Unheil befürchten heißt, daß man das Rechte trifft.

Kommentar: Du befindest dich an verantwortlicher Stelle und hast in einer Strafsache zu entscheiden. Handle aus deiner Mitte heraus, so wirst du eine maßvolle, aber klare Entscheidung treffen können.

6 *Yang.* Einen Holzkragen tragen, der die Ohren verschwinden läßt, das bringt Unheil. *Das Bild:* Ein Holzkragen, der die Ohren verdeckt, bedeutet, daß man nicht klar hört.

Kommentar: Aus einer Haltung des Hochmuts heraus möchtest du dich einer durchaus gerechtfertigten Maßregelung entziehen. Deine Uneinsichtigkeit ist so hartnäckig, daß du keine Argumente und Warnungen mehr hörst. Unheil.

22. Das Schmücken
BI

DAS SCHMÜCKEN hat Gelingen. Es ist fördernd, sich kleine Ziele zu setzen.

Das Urteil

SCHMÜCKEN, das Erfolg hat, beruht darauf, daß die Biegsamkeit hervortritt, um das Feste zu schmücken; so bringt es Erfolg. Das Feste tritt begrenzt hervor, um das Biegsame zu schmükken, daher ist es fördernd, sich kleine Ziele zu setzen. Das ist der Schmuck des Himmels. Die Festigung durch die Kultur, das ist der Schmuck der Menschheit. Betrachte, wie sich der Himmel schmückt, so erkennst du den Wechsel der Jahreszeiten. Betrachte, wie sich die Menschheit schmückt, so bringst du die Welt voran.

Das Bild

Das Feuer ist unter einem Berg und schmückt ihn; so bringen edle Menschen Klarheit in das Werk der Regierung, ohne sich große Urteile anzumaßen.

Die Wandlungslinien

1 *Yang.* Schmücke die Füße, lasse den Wagen stehen und geh zu Fuß. *Das Bild:* Lasse den

Wagen stehen und geh zu Fuß, wenn es angemessen ist, nicht zu fahren.

Kommentar: Du besitzt genügend Eigenständigkeit, um dich aus eigener Kraft auf den Weg zu machen. Lasse dich nicht durch angebotene scheinbare Erleichterungen (»Wagen«) verführen. Die Klarheit deiner eigenen Entscheidungen wird dich voranbringen.

2 *Yin.* Sich schmücken heißt nach oben streben. *Das Bild:* Sich schmücken und nach oben streben heißt, daß man mit den Oberen aufsteigt.

Kommentar: Hier dreht sich für dich alles ausschließlich um die äußere Form. Bedenke aber, daß sie nur eine Verzierung ist, und vergiß nicht das Streben nach dem eigentlichen Gehalt (»den Oberen«).

3 *Yang.* Geschmückt und reich verziert; Glück wird dir winken, wenn du stets beharrlich und wahrhaftig bist. *Das Bild:* Das Glück ständiger Beharrlichkeit und Wahrhaftigkeit liegt darin, daß dich am Ende niemand erniedrigt.

Kommentar: Das Leben zeigt sich dir von seiner angenehmsten Seite. Ein Gefühl von Trunkenheit könnte sich einstellen und dich zu Bequemlichkeit und Trägheit hinreißen. Gib acht, beharrlich deine Grundsätze zu bewahren, dann geht alles gut.

4 *Yin.* Geschmückt und doch einfach sein. Ein weißes Pferd kommt unerwartet. Gibt es kei-

nen Einwand, so kommt es zur Partnerschaft. *Das Bild:* Das Yin fühlt sich auf viertem Platz unsicher. Es kommt zur Partnerschaft, wenn es keinen Einwand gibt, soll heißen, wenn es am Ende keinen Groll gibt.

Kommentar: Es beschäftigt dich die Frage, ob die äußere Form wichtiger ist als der Gehalt. Während du noch hin und her überlegst, kommt plötzlich Unterstützung von seiten der Einfachheit. Gelingt es dir, deinen Ärger über den Verlust an Annehmlichkeiten zu überwinden, so hast du in der Einfachheit einen verläßlichen Partner gefunden.

5 *Yin.* Zum Schmücken in den Hügeln und Gärten reicht ein Seidenbündel nicht aus. Das bringt Beschämung, doch das Ende ist glücklich. *Das Bild:* Das Glück des Yin auf fünftem Platz liegt darin, daß Freude da ist.

Kommentar: Du suchst die Schönheit weniger in den Äußerlichkeiten irdischen Glanzes als im Rückzug auf innere Werte. Du blickst auf zu einem Menschen, der dir hierin Vorbild ist, und suchst seine Freundschaft. Auch wenn du ihm äußerlich wenig zu bieten hast (nur »ein kleines Seidenbündel«), ist deine Freude Geschenk genug.

6 *Yang.* Einfacher Schmuck ist nicht zu tadeln. *Das Bild:* Einfacher Schmuck bedeutet, daß ein Ziel auf höhere Weise erreicht wird.

Kommentar: Die Einfachheit der Form kommt in dieser Linie zu ihrer höchsten Vollendung. Was du erreichst, verdankst du allein deiner inneren Ausstrahlung, und du tust es nicht, um Lob oder Anerkennung zu erlangen.

**23. Das Entfernen /
Der Zerfall**
BO

DAS ENTFERNEN; es ist nicht vorteilhaft, etwas zu unternehmen.

Das Urteil

ENTFERNEN heißt etwas wegnehmen; die Schwäche tritt an die Stelle der Stärke. Es ist nicht vorteilhaft, etwas zu unternehmen; die Geringen steigen auf. Willst du dich angemessen verhalten, so betrachte die Bilder. Edle Menschen schätzen das Werden und Vergehen, das Füllen und Leerwerden, denn dies entspricht dem Lauf der Natur.

Das Bild

Ein Berg, der an der Erde haftet, das ist das Bild des ENTFERNENS. Die Oberen sichern ihren Besitz durch Freundlichkeit im Verkehr mit den Unteren.

Die Wandlungslinien

1 *Yin.* Es ist, als würde man die Beine eines Bettes entfernen; wenn man die Wahrhaftigkeit mißachtet, so bringt das Unheil. *Das Bild:* Die Beine eines Bettes entfernen heißt eine Grundlage zerstören.

Kommentar: Es ist der Beginn eines Zerfallsprozesses. Noch ist das Geschehen nicht sichtbar oder unmittelbar spürbar. Es gibt vielleicht geheime Machenschaften. Die Zeitumstände lassen nichts anderes zu als Nichthandeln.

2 *Yin.* Es ist, als würde man den Rahmen eines Bettes entfernen; wenn man die Wahrhaftigkeit mißachtet, so bringt das Unheil. *Das Bild:* Den Rahmen eines Bettes entfernen heißt, daß man nichts hat, womit man arbeiten könnte. *Kommentar:* Die Kräfte, die den Zerfall bewirken, zeigen sich nun in aller Deutlichkeit und sind in ihrem Vorrücken nicht aufzuhalten. Da du allein bist und keine Hilfe zu erwarten hast, solltest du versuchen, so gut wie möglich auszuweichen, um schlimmen Schaden zu vermeiden.

3 *Yin.* Entferne, was nötig ist; kein Makel. *Das Bild:* Etwas so weit zu entfernen, daß kein Makel ist, heißt, den Unterschied zwischen Oben und Unten, zwischen Herrscher und Untertanen zu beseitigen. *Kommentar:* Obwohl du von Menschen/Einflüssen umgeben bist, die den Zerfall betreiben, vermagst du aufgrund deiner Beziehung zu einem Höhergestellten, dich diesem Treiben entgegenzustellen.

4 *Yin.* Ein Bett bis auf die Haut entfernen, Unheil. *Das Bild:* Ein Bett bis auf die Haut entfernen heißt, daß die Katastrophe ganz nahe an einen herankommt.

Kommentar: Der Zerfall ist nun nicht mehr aufzuhalten und wird am eigenen Leib spürbar. Betreibst du selbst den Untergang einer Sache, so ist dir der Sieg gewiß.

5 *Yin.* Einen Schwarm Fische anzuführen mit Gunstbezeugungen wie gegenüber Hofdamen ist für alle von Vorteil. *Das Bild:* Da man Gunstbezeugungen verwendet, wie sie gegenüber Hofdamen üblich sind, kommt am Ende kein Groll auf.

Kommentar: Die Person, die den bisherigen Zerfall betrieben hat, hat nun selbst den herrschenden Platz eingenommen. Dort steht sie unter dem Einfluß einer machtvollen Person (oberster Yang-Strich), der sie andere Menschen von bescheidenem Wesen (die unteren Yin-Striche) wie einen Schwarm Fische zuführt. So entsteht vorübergehend eine Situation der Zusammenarbeit.

6 *Yang.* Eine harte Frucht wird nicht gegessen. Edle Menschen werden mit Transportmitteln belohnt, geringen Menschen wird ihre Bleibe genommen. *Das Bild:* Edle Menschen werden mit Transportmitteln belohnt, indem sie Unterstützung finden beim breiten Volk; geringen Menschen wird ihre Bleibe genommen, da sie sich als unbrauchbar für eine Anstellung erweisen.

Kommentar: Hier erweist sich, was endgültig

zerfällt, weil es keinen dauerhaften Bestand hat, und was als harter Kern übrigbleibt und den Keim der künftigen Entwicklung bildet.

**24. Die Umkehr /
Die Wiederkehr**
FU
復

Wenn DIE UMKEHR gelingt, kommt es zu Ausgang und Einkehr ohne Schwierigkeiten; kommt
ein Gefährte, so ist dies kein Fehler. Indem du auf
dem WEG umkehrst, kommst du in sieben Tagen
wieder. Fördernd ist es, ein Ziel zu haben.

Das Urteil

DIE UMKEHR gelingt, wenn Festigkeit und Stärke
wieder das Handeln bestimmen und harmonisch
wirken; das bedeutet, ohne Schwierigkeiten ein
und aus zu gehen, das ist der Gefährte, dessen
Kommen bedeutet, daß kein Fehler geschieht.
Auf dem WEG umkehren und in sieben Tagen
wiederkommen bezieht sich auf das Wirken der
NATUR. Fördernd ist es, ein Ziel zu haben: Das
bezieht sich darauf, daß die Kraft im Zunehmen
begriffen ist. Man kann auch sagen, DIE UMKEHR/
DIE WIEDERKEHR offenbart den zentralen Sinn des
Universums.

Das Bild

Donner in der Erde: das Bild der UMKEHR. So
schlossen die alten Könige zur Wintersonnen-
wende die Tore; die Karawanen reisten nicht, und
die Herrscher besuchten nicht die Provinzen.

Die Wandlungslinien

1 *Yang.* Kehrst du um, bevor du dich weit entfernst, so hast du keine Reue und erfährst großes Glück. *Das Bild:* Die Umkehr, bevor man sich (zu) weit entfernt, geschieht durch die Pflege des eigenen Charakters.

Kommentar: Ein neuer Zyklus beginnt, doch ist noch nicht die Zeit des aktiven Handelns gekommen. Du stellst Überlegungen an und gerätst dabei auch auf abwegige Gedanken. Doch ist der Einfluß der lichten Kraft so stark, daß du rasch auf den rechten Weg zurückkehrst.

2 *Yin.* Umkehr zum Guten ist fördernd. *Das Bild:* Das Glück der Umkehr zum Guten kommt daher, daß man freundlich ist zu den Unteren.

Kommentar: Du pflegst die Beziehung zu guten Menschen in deiner unmittelbaren Umgebung und bist für ihren Einfluß offen. Daher fällt dir der Entschluß zur Umkehr nicht schwer.

3 *Yin.* Die Mühe wiederholter Umkehr ist ohne Makel. *Das Bild:* Die Mühe wiederholter Umkehr ist deshalb ohne Makel, weil sie der Pflicht genügt.

Kommentar: Du bist unstet in deinem Willen. Da du dich im Zuge des Hin- und Herwendens aber immer wieder auf das Rechte besinnst, ist

---

auch keine Verfestigung im Schlechten zu befürchten.

4 *Yin.* Kehre allein um, indem du ausgewogen handelst. *Das Bild:* Allein umkehren durch ausgewogenes Handeln geschieht, indem man dem WEG folgt.

Kommentar: Inmitten einer Menge Andersgesinnter vertrittst du deinen eigenen Standpunkt, denn du bist innerlich mit einem guten Freund verbunden. Das bewegt dich zur Umkehr.

5 *Yin.* Kehre um in Achtsamkeit, dann hast du keine Reue. *Das Bild:* Achtsame Umkehr, die keine Reue bringt, heißt, daß man durch Selbstprüfung in der eigenen Mitte ist.

Kommentar: Ohne Unterstützung durch Dritte siehst du dich vor die Aufgabe der Umkehr gestellt, denn du bist in verantwortlicher Stellung. Das erfordert besondere Achtsamkeit und ständige Selbstprüfung.

6 *Yin.* Rückkehr in die Verwirrung bringt Unheil; es kommt zu verheerenden Schwierigkeiten; gibt dies Anlaß zu militanten Auseinandersetzungen, so werden diese in einer schrecklichen Niederlage mit unheilvollem Ausgang für die Oberen enden. Selbst nach zehn Jahren kommt es nicht zum Sieg. *Das Bild:* Das Unheilvolle besteht darin, daß man gegen die innere Führung handelt.

Kommentar: Du hast den Sinn einer notwendigen Umkehr nicht verstanden und gehst gewaltsam in die falsche Richtung. Das hat verheerende Folgen, denn die nächste Gelegenheit zur Umkehr bietet sich erst wieder nach Ablauf eines kompletten weiteren Zyklus.

25. Die Absichtslosigkeit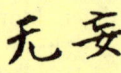
WU WANG

ABSICHTSLOSIGKEIT bringt erhabenen Erfolg, wenn sie recht ist. Verleugnest du das Rechte, so gehst du fehl und wirst keinen Nutzen daraus haben, etwas zu unternehmen.

Das Urteil

In dem Zeichen DIE ABSICHTSLOSIGKEIT kommt die Kraft von außen und wird zum leitenden Mittelpunkt in deinem Inneren. Aktiv und kraftvoll, das Feste ausgewogen und entsprechend, erhabener Erfolg im Rechten: das ist die Ordnung der Natur. Verleugnest du das Rechte, so gehst du fehl und wirst keinen Nutzen daraus haben, etwas zu unternehmen. Wohin führt die ABSICHTSLOSIGKEIT? Würdest du ohne Hilfe durch die natürliche Ordnung etwas unternehmen?

Das Bild

Der Donner rollt unter dem Himmel. ABSICHTSLOSIGKEIT bringt die Dinge voran. So förderten die alten Könige das Gedeihen entsprechend den Jahreszeiten, um alle Wesen zu nähren.

Die Wandlungslinien

1 *Yang.* Fortfahren, ohne abzuweichen, das ist fördernd. *Das Bild:* Fortfahren, ohne abzuweichen, bedeutet, daß man sein Ziel erreicht. *Kommentar:* Richte dich nach dem, was dir dein Herz sagt, und verfolge im Vertrauen darauf deine Ziele. Der Erfolg wird nicht ausbleiben.

2 *Yin.* Hast du nicht um der Ernte willen gepflügt und neue Felder bestellt, so ist es fördernd, etwas zu unternehmen. *Das Bild:* Nicht um der Ernte willen gepflügt zu haben heißt, daß man noch nicht reich ist. *Kommentar:* Ohne an künftigen Erfolg zu denken, erfüllst du deine Pflichten ganz im Hier und Jetzt. Diese Einstellung ist förderlich für alles, was du tust.

3 *Yin.* Das Unglück der Absichtslosigkeit ist wie eine Kuh, die, obwohl angebunden, von einem Wandernden mitgenommen wird. *Das Bild:* Nimmt ein Vorübergehender die Kuh mit, so bedeutet das Unglück für den Seßhaften. *Kommentar:* In deiner Naivität wird dir etwas genommen, das für andere einen Gewinn bedeutet. Ein Unglück ist es aber nur, solange du dem, was dir genommen wird, verhaftet bist. Die Wandlung dieser Linie ergibt Hexagramm 13: GEMEINSAMKEIT MIT MENSCHEN. Versuche die Angelegenheit in diesem Licht zu sehen.

4 *Yang.* Bleibe wahrhaftig, dann bist du ohne Makel. *Das Bild:* Man sollte wahrhaftig und damit ohne Makel bleiben; diese zwei Dinge gehen ganz natürlich zusammen.

Kommentar: In dir verbindet sich Absichtslosigkeit mit der Eigenschaft der Stärke und der Fähigkeit zum ruhigen Überlegen. Bleibe beharrlich in deinem Fortschreiten, und höre nicht auf die anderen. So vermagst du auch festgefahrene Situationen zu entwirren.

5 *Yang.* Wird die Absichtslosigkeit in Mitleidenschaft gezogen, so greife nicht zur Medizin; dann kommt Freude. *Das Bild:* Wenn nichts Unrechtes vorliegt, soll man keine Medizin anwenden.

Kommentar: Du befindest dich in verantwortungsvoller Position, doch benutzt du sie nicht, um Macht über andere auszuüben. Vielmehr führt deine Wahrhaftigkeit dazu, daß du Negatives von anderen auf dich nimmst, um es innerlich in Positives zu verwandeln.

6 *Yang.* Wenn Weitermachen im Rechten zu Mißverständnissen führt, so hat man keinen Nutzen. *Das Bild:* Das ist das Unheil, das entsteht, wenn das Weitermachen in einer Sackgasse steckenbleibt.

Kommentar: Die Zeit des Machens/Handelns ist vorüber, da nutzt auch eine Haltung der Absichtslosigkeit nichts mehr. Möglicherwei-

se versuchst du aber auch, »bewußt« absichts-
los zu handeln, was einen Widerspruch in sich
darstellt. In jedem Fall ist Handeln zur Zeit
nicht angesagt.

DIE ZÄHMUNGSKRAFT DES GROSSEN bringt Nutzen denen, die aufrichtig und wahrhaftig sind.
Nicht zu Hause essen bringt Glück. Es ist fördernd, große Flüsse zu überqueren.

Das Urteil

DIE ZÄHMUNGSKRAFT DES GROSSEN bedeutet feste
Stärke und große Wahrhaftigkeit, Glanz und
Licht, die täglich erneuert werden. Unter den
Tugenden nimmt die Stärke, die den Weisen ehrt,
den höchsten Rang ein. Machtvoll zu sein, aber
beherrscht: Das ist große Korrektheit. Nicht zu
Hause essen bringt Glück, in dem Sinne, daß
man die Weisen nährt. Es ist fördernd, große
Flüsse zu überqueren; damit entspricht man der
natürlichen Ordnung.

Das Bild

Der Himmel in den Bergen: das Bild der ZÄH-
MUNGSKRAFT DES GROSSEN. So bewahren edle

---

*   Das GROSSE im Gegensatz zum KLEINEN (vgl. Hexa-
    gramm 9) steht hier für die Fähigkeit, ein selbstgestecktes
    Ziel *konsequent* zu verfolgen. Dazu müssen die potentiell
    vorhandenen großen Kräfte zunächst einmal gebändigt
    und streng diszipliniert werden.

Menschen die Worte und Taten der Vergangenheit, um ihre Tugend zu fördern.

Die Wandlungslinien

1 *Yang.* Bei Gefahr ist es fördernd innezuhalten. *Das Bild:* Wenn man bei Gefahr innehält, gerät man nicht in Schwierigkeiten.
   Kommentar: Du verspürst einen starken Drang, etwas zu unternehmen, wirst aber durch die Umstände daran gehindert. Versuche jetzt nicht, etwas mit aller Gewalt zu erreichen, sondern nutze deine Kräfte zur Arbeit am eigenen Charakter.

2 *Yang.* Einem Wagen werden die Radachsen abgenommen. *Das Bild:* Wenn einem Wagen die Radachsen abgenommen werden, heißt das, daß innen kein Fehler ist.
   Kommentar: Du wirst von einer starken Kraft am Fortschreiten gehindert, vermagst dich aber ohne Schwierigkeiten auf diese Situation einzulassen. Noch ist nicht der Zeitpunkt da, um deine Pläne in die Praxis umzusetzen. Nutze die Zeit des Wartens, indem du Vorbereitungen triffst.

3 *Yang.* Ein gutes Pferd versteht es zu folgen. Es ist fördernd zu kämpfen; es ist fördernd, aufrichtig und wahrhaftig zu sein. Hat man etwas, auf das man zugehen kann, so ist es von Nutzen, sich täglich im Wagenlenken und in der

Verteidigung zu üben. *Das Bild:* Es ist von Nutzen, etwas zu haben, auf das man zugehen kann, das heißt, einem höheren Ziel zu dienen. *Kommentar:* Die hemmenden Einflüsse sind im Abklingen begriffen, so daß deinem Tatendrang bald nichts mehr im Wege steht. Doch solltest du darauf achten, deine Kräfte nicht vorzeitig aufzureiben. Stecke dir ein Ziel, das über dein Eigeninteresse hinausgeht, und halte dich in Form für die kommenden Aufgaben.

4 *Yin.* Das Stirnbrett eines jungen Ochsen ist sehr glückverheißend. *Das Bild:* Weil die Position glückverheißend ist, herrscht Freude. *Kommentar:* Du bestimmst wesentlich die Art und Weise, wie die vorangegangenen Linien im Verausgaben ihrer Kräfte gehemmt beziehungsweise gezähmt werden, damit sich die Kräfte zunächst sammeln und verfeinern können. Diese Aufgabe erfüllst du mit Umsicht und Gründlichkeit, so daß Anlaß zu Freude entsteht.

5 *Yin.* Die Hauer eines verschnittenen Ebers sind glückverheißend. *Das Bild:* In dieser Position ist es sehr glückverheißend, ein Fest zu feiern. *Kommentar:* Du verstehst es, eine potentiell ungestüme Kraft zu zähmen, bevor sie ihre Wildheit voll entwickelt hat. Dies geschieht nicht durch direkte Konfrontation, sondern

durch ein Umlenken der sich entwickelnden Kräfte in konstruktive Bahnen. Das Fest kann auf ein Opferfest hindeuten.

6 *Yang.* Angelangt am Weg des Himmels, dein Fortschreiten hat Erfolg. *Das Bild:* Am Weg des Himmels anzulangen heißt, daß der WEG im Großen verwirklicht wird.

Kommentar: Du kennst den Weg des Himmels und wirst von jemandem geehrt, der in verantwortlicher Stellung ist. Die angesammelte Kraft kann nun in vollem Umfang für wertvolle Ziele eingesetzt werden. Der Erfolg ist gewiß.

Fördernd ist es, die Wahrhaftigkeit zu nähren.
Achte auf die ERNÄHRUNG und strebe nach persönlicher Erfüllung.

Das Urteil

Fördernd ist es, die Wahrhaftigkeit zu nähren; es
ist glückbringend, wenn du entwickelst, was
recht und wahr ist. Auf DIE ERNÄHRUNG achten
bedeutet, darauf zu achten, was du pflegst; nach
persönlicher Erfüllung streben heißt auf deine
Selbstentfaltung achten. Das Universum pflegt
und nährt alle Wesen; heilige Menschen pflegen
und nähren die Wissenden und Guten und erreichen so das ganze Volk. Die rechte Zeit für DIE
ERNÄHRUNG ist äußerst wichtig!

Das Bild

Unter einem Berg ist der Donner: das Bild der
ERNÄHRUNG. Edle Menschen hüten bewußt ihre
Zunge und mäßigen sich im Konsum.

Die Wandlungslinien

1 *Yang.* Deine heilige Schildkröte nicht beachten und mit herabhängenden Mundwinkeln zu

mir herüberschauen, das bringt Unheil. *Das Bild:* Mit herabhängenden Mundwinkeln zu mir herüberzuschauen ist in jedem Fall nicht von Nutzen.

Kommentar: Du hast alles, was du brauchst, um für dein eigenes Wohlergehen zu sorgen, aber du weißt es nicht zu schätzen. Statt dessen schaust du mißgünstig hinüber zu der Quelle, aus der andere genährt werden. Das trägt dir nur Verachtung ein.

2 *Yin.* Umgekehrte Ernährung ist gegen die eigene Art, da man seine Ernährung aus höhergelegenem Boden bezieht; es ist unheilvoll, eine Reise zu unternehmen. *Das Bild:* In dieser Situation eine Reise zu unternehmen ist unheilvoll, denn sie würde den Verlust verwandter Menschen bedeuten.

Kommentar: Du suchst deine Bedürfnisse bei den falschen Personen und durch unlautere Methoden zu befriedigen und bist nur auf den eigenen Vorteil aus. Dein Hunger könnte auf viel naheliegendere Weise bei Menschen in deiner unmittelbaren Umgebung gestillt werden. Diese Beziehungen verlierst du, wenn du in die Ferne schweifst.

3 *Yin.* Wenn du die Ernährung hinauswirfst, so bringt es Unheil, darin fortzufahren. Handle zehn Jahre nicht so, denn es bringt dir keinen Gewinn. *Das Bild:* Die Warnung, zehn Jahre

nicht so zu handeln, bedeutet, daß die Dinge in ihrem Verlauf außerordentlich gestört sind. *Kommentar:* Du suchst deine Bedürfnisse an einer Stelle zu befriedigen, die dafür ungeeignet ist. Weder Genußsucht noch künstliche Askese vermögen deinen wahren Hunger zu stillen. Zehn Jahre bedeuten hier einen abgeschlossenen Zyklus.

4 *Yin.* Das Umdrehen der Ernährung bringt Glück. Ein Tiger, der scharf Ausschau hält und im Begriff ist, die Verfolgung aufzunehmen, ist ohne Makel. *Das Bild:* Das Glück des Umdrehens der Ernährung liegt darin, daß man den Segen von oben (an andere) verteilt.

Kommentar: Zwar bist du nicht selbst die Quelle der Nahrung (geistiger oder materieller Natur) für andere, doch hast du die Möglichkeit, Nahrung für andere zu beschaffen und zu verteilen. Suche dir tüchtige Hilfskräfte dafür, dann erfüllst du die dir gestellte Aufgabe zur Zufriedenheit aller.

5 *Yin.* In außergewöhnlichen Lagen bringt es Glück, wenn du beharrlich und wahrhaftig bleibst; es ist nicht fördernd, große Flüsse zu überqueren. *Das Bild:* Das Glück von Beharrlichkeit und Wahrhaftigkeit liegt darin, daß man höheren Idealen harmonisch folgt.

Kommentar: Deiner Position nach bist du für die Befriedigung der Bedürfnisse anderer

Menschen verantwortlich, die deiner Leitung unterstellt sind, doch befindest du dich selbst in einer Situation des Mangels. Glücklicherweise kannst du die Hilfe eines geistig hochstehenden Menschen in Anspruch nehmen, um deiner Aufgabe gerecht zu werden. Hüte dich aber davor zu glauben, du könntest aus eigener Machtvollkommenheit heraus handeln.

6 *Yang.* Eine Quelle der Ernährung zu sein ist gefährlich, aber glückverheißend. *Das Bild:* Es ist glückverheißend, denn es bringt großen Segen.

Kommentar: Es ist hier die Rede von einem großen und erfahrenen Menschen, der über alle Kenntnisse und Mittel verfügt, die andere benötigen. Dank seiner erhabenen Stellung weiß er um die Probleme der Menschen und stellt seinen Segen allen zur Verfügung. Bleibt er sich seiner Verantwortung bewußt, so kann er auch schwierige Unternehmungen mit Erfolg wagen.

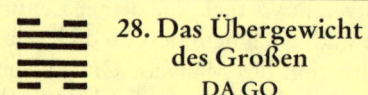

28. Das Übergewicht des Großen

DA GO

Wenn das Große übergewichtig ist und der Firstbalken sich biegt, so ist es fördernd, etwas zu unternehmen. Erfolg.

Das Urteil

Die Großen oder Mächtigen sind in der Übermacht. Der Firstbalken, der sich biegt, symbolisiert Schwäche an der Basis und an den tragenden Enden. Das Starke ist in der Übermacht, doch ist es in der Mitte; ist es von sanfter Art und geht freundlich zu Werke, so ist es von Nutzen, etwas zu unternehmen; das bringt Erfolg. Herrscht das ÜBERGEWICHT DES GROSSEN, so ist die Wahl des richtigen Zeitpunkts äußerst wichtig.

Das Bild

Der See zerstört das Holz: DAS ÜBERGEWICHT DES GROSSEN. Da edle Menschen ohne Furcht alleine stehen können, vermögen sie sich ohne Sorgen aus der Gesellschaft zurückzuziehen.

Die Wandlungslinien

1 *Yin.* Einfaches Riedgras zu benutzen als Unterlage für Zeremonialgerät, das ist kein Ma-

kel. *Das Bild:* Einfaches Riedgras benutzen bedeutet, in niederer Stellung anpassungsfähig zu sein.

Kommentar: Die Situation ist außerordentlich spannungsgeladen und bedarf extremer Behutsamkeit und Achtsamkeit. Was jetzt zählt, sind nicht große Gesten, sondern allein die Reinheit deiner Absichten und eine Aufmerksamkeit, die auch die kleinsten Einzelheiten nicht außer acht läßt.

2 *Yang.* Wenn eine vertrocknete Weide Sprosse treibt und ein älterer Mann eine junge Frau bekommt, so haben alle Gewinn davon. *Das Bild:* Ein älterer Mann und eine junge Frau passen außergewöhnlich gut zusammen.

Kommentar: Auch wenn dir die Verbindungen, die du jetzt eingehst, außergewöhnlich erscheinen mögen, da die Menschen eher einfach und unerfahren sind, erfährst du gerade durch sie eine ungewöhnliche Belebung, die sich vorteilhaft auf die ganze Situation auswirken wird.

3 *Yang.* Es bedeutet Unheil, wenn sich der Firstbalken durchbiegt. *Das Bild:* Das Unheil, von dem die Rede ist, wenn der Firstbalken sich durchbiegt, ist dergestalt, daß keine Unterstützung möglich ist.

Kommentar: In einer bereits äußerst spannungsgeladenen Situation versuchst du, auf

Biegen oder Brechen eine Lösung herbeizuführen. Dadurch bist du unerreichbar für jede dir angebotene Unterstützung, die mit einem sanfteren Vorgehen verbunden wäre. Deine starre Haltung führt ins Unheil.

4 *Yang.* Es bringt Glück, wenn der Firstbalken gestützt wird, aber etwas anderes könnte zu Beschämung führen. *Das Bild:* Das Glück, wenn der Firstbalken gestützt wird, liegt darin, daß er sich nicht durchbiegt.

Kommentar: Du besitzt das rechte Maß an Stärke und Weichheit, das notwendig ist, um deine Aufgabe zu erfüllen. Daher Erfolg. Hast du dabei etwas anderes als das Wohl der Allgemeinheit im Sinn, zum Beispiel persönliche Vorteile, so wäre das beschämend.

5 *Yang.* Wenn eine vertrocknete Weide Blüten trägt und eine ältere Frau einen jungen Mann bekommt, so gibt es weder Makel noch Lob. *Das Bild:* Eine vertrocknete Weide mag blühen, doch wie lange kann das dauern? Für eine ältere Frau kann ein junger Mann auch beschämend sein.

Kommentar: In dem Bemühen, den Zusammenbruch zu vermeiden, wendest du dich nach oben (die »ältere Frau« ist die oberste Yin-Linie). Obwohl eine solche Beziehung in normalen Zeiten nicht unrecht ist, vermag sie in einer Zeit des Übergewichts der Yang-

Kräfte den Zusammenbruch langfristig nicht zu verhindern.

6 *Yin.* Es bringt Unheil, wenn man sich zu sehr engagiert und den Kopf verliert, doch liegt darin kein Makel. *Das Bild:* Unheil, das daraus entsteht, daß man sich zu sehr engagiert, ist nicht zu tadeln.

Kommentar: Es gibt Situationen, durch die man hindurch muß, auch wenn es Kopf und Kragen kostet. Bewußt nimmst du diese Herausforderung an und gehst furchtlos, aber auch ohne Illusionen hinein in die Finsternis. Damit entsprichst du dem Erfordernis der Zeit.

29. Abgrund über Abgrund / Wiederholte Gefahr

KAN

ABGRUND ÜBER ABGRUND: Ist deine Gesinnung wahrhaftig, so hast du Erfolg, und dein Handeln ist von Wert.

Das Urteil

ABGRUND ÜBER ABGRUND bedeutet eine Reihe gefährlicher Passagen. So wie das Wasser fließt, ohne sich anzuhäufen, so sollst du durch gefährliche Engpässe hindurchgehen, ohne dein Vertrauen zu verlieren. Deine Gesinnung trägt dich erfolgreich hindurch, indem du ausgewogen von der Festigkeit Gebrauch machst. Handeln ist von Wert, das heißt, daß durch dieses Unternehmen etwas erreicht wird, das den Einsatz lohnt.

Das Gefährliche am Himmel ist, daß wir nicht zum Himmel hinaufsteigen können; das Gefährliche auf der Erde sind die Gebirge, Flüsse und Hügel. Herrscher benutzen die Gefahr, um ihr Land zu schützen. In der Gefahr ist der rechte Gebrauch der Zeit von großer Bedeutung.

Das Bild

Wiederholt auftretendes Wasser symbolisiert AB-GRUND ÜBER ABGRUND. Edle Menschen lernen

---

es, andere durch beständige Anwendung der Tugend zu lehren.

Die Wandlungslinien

1 *Yin.* Wenn das Abgründige wiederholt auftritt, bringt es Unheil, sich im Abgrund in ein Loch zu begeben. *Das Bild:* Sich in ein Loch zu begeben, wenn das Abgründige wiederholt auftritt, das ist das Unheil, wenn man den WEG verliert.

Kommentar: Gefährliche Situationen sollten immer eine Ausnahme sein. Hier häufen sie sich in einem solchen Maße, daß du sie für das Normale hältst. Hilfe bietet sich nicht an, oder du weist sie zurück, weil du gar nicht mehr merkst, daß du vom WEG abgekommen bist.

2 *Yang.* Obwohl das Abgründige Gefahr birgt, suche, und du wirst ein wenig finden. *Das Bild:* Suche, und du wirst ein wenig finden, denn du hast die Mitte nicht überschritten.

Kommentar: Du befindest dich zwar in einer schwierigen Lage, bist dir dessen aber sehr wohl bewußt. So weißt du auch, daß nur durch viele kleine Bemühungen eine Besserung zu erreichen ist. Auf diese Weise hältst du das rechte Maß, die Mitte, ein.

3 *Yin.* Hin und her, Abgrund nach Abgrund, in gefährlichen Engpässen festsitzend, begibt man sich in einem Abgrund in ein Loch. Handle

nicht so. *Das Bild:* Hin und her, Abgrund nach Abgrund, das bedeutet, daß man sich verausgabt, ohne etwas zu erreichen.

Kommentar: Du bist von Schwierigkeiten umgeben und fühlst dich sehr unwohl. Jedes Handeln, auch Flüchtenwollen, würde die Lage nur schlimmer machen. Geduldiges Ausharren ist das einzig Richtige.

4 *Yin.* Ein Krug Wein zusammen mit einem Zeremonialgefäß für Körner. Verwende ein einfaches Geschirr. Ein Antrag, persönlich durch ein Fenster eingereicht, am Ende kein Makel. *Das Bild:* Der Krug Wein und das Zeremonialgefäß für Körner symbolisieren den Ort, an dem das Feste und das Weiche sich begegnen.

Kommentar: Die vierte Linie ist traditionell der Platz des »Ministers«. Zur Einführung in das Amt wurden Geschenke an den Herrscher überreicht, von denen hier gesagt wird, daß in Zeiten der Gefahr die innere Haltung und der ernsthafte Wille, seine Aufgaben im Sinne des Allgemeinwohls zu erfüllen, mehr zählen als jedes aufwendige Drumherum.

5 *Yang.* Der Abgrund ist noch nicht bis zum Rand gefüllt; füllt man ihn gerade aus, so gibt es keine Schwierigkeiten. *Das Bild:* Daß der Abgrund noch nicht ganz gefüllt ist, heißt, daß man innerlich noch nicht groß ist.

Kommentar: Das Ende der Schwierigkeiten

zeichnet sich ab. Übertreibe deine Bemühungen nicht, sonst könnten daraus neue Probleme entstehen.

6 *Yin.* Mit Stricken gebunden und in ein Dorngestrüpp geworfen, drei Jahre bist du ohne Hilfe. Unheil. *Das Bild:* Das Unheil, durch Schwäche an der Spitze den WEG zu verlieren, dauert drei Jahre.

Kommentar: Du könntest vor der Gefahr davonlaufen, doch ist deine Angst so groß, daß sie dir die Sicht verstellt und dich vollkommen lähmt. Am Ende geht es dir gar nicht mehr um die ursprüngliche Bedrohung, sondern um das Festhalten an einer Verteidigungshaltung um ihrer selbst willen.

30. Das Feuer
LI

DAS FEUER ist fördernd für den Erfolg der Aufrichtigen. Eine Kuh aufzuziehen* bringt Glück.

Das Urteil
DAS FEUER haftet: Sonne und Mond haften am Himmel, die Pflanzen haften an der Erde. Mit doppeltem Licht anzuhaften an dem, was recht ist, bringt die Welt voran. Das Weiche hat Erfolg, indem es an der Ausgewogenheit und am Rechten haftet; das ist darin ausgedrückt, daß es Glück bringt, eine Kuh aufzuziehen.

Das Bild
Das Licht in der Verdoppelung ergibt DAS FEUER. So lassen große Menschen ihr Licht beständig in die vier Himmelsrichtungen erstrahlen.

Die Wandlungslinien
1 *Yang.* Wenn die Schritte kreuz und quer gehen, so gib darauf acht, dann bist du ohne Makel.

*   Die Kuh ist ein Sinnbild für Fügsamkeit und freiwillige Abhängigkeit. Darin liegt der Gedanke, daß ein Leben in dieser Welt ohne Abhängigkeit nicht möglich ist. Es wird geraten, sich diese Abhängigkeit bewußtzumachen und sie zu akzeptieren (»die Kuh aufziehen«).

Das Bild: Wenn die Schritte kreuz und quer gehen, so bewahrt dich Achtsamkeit vor beschämenden Fehlern.

Kommentar: Noch bevor eine Sache ernsthaft begonnen hat, gibt es eine Phase, in der eine Unzahl von Einflüssen und Möglichkeiten dich mal hierhin, mal dorthin ziehen. In dieser Zeit entstehen auch die Prägungen, die dein künftiges Verhalten bestimmen werden. Daher ist besondere Achtsamkeit in dieser Phase geboten.

2 *Yin.* Gelbes Feuer ist sehr glückverheißend.

Das Bild: Gelbes Feuer bedeutet, daß du Ausgewogenheit erlangst.

Kommentar: Du hast in jeder Hinsicht die goldene Mitte erreicht, weißt um das rechte Maß der Dinge. Materielle Angelegenheiten verstehst du kompetent zu handhaben. Deine ausgewogene Sichtweise ist von großem Nutzen.

3 *Yang.* Im Feuer der untergehenden Sonne schlägst du entweder auf einen Topf und singst, oder du seufzt und klagst nach Art der Alten, das ist betrüblich. *Das Bild:* Wie lange kann das Feuer der untergehenden Sonne dauern?

Kommentar: Das Leben oder eine Sache geht dem Ende zu. Angesichts der Vergänglichkeit allen Seins bist du entweder geneigt, die noch verbleibende Zeit in vollen Zügen zu genießen oder dauernd das nahende Ende zu beklagen. Beide Haltungen entspringen einer zu großen Anhaftung an die Äußerlichkeiten des Lebens.

4 *Yang.* Ungestümes Hervortreten führt dazu, daß man ausbrennt, stirbt und nicht mehr beachtet wird. *Das Bild:* Ungestümes Hervortreten ist unzulässig.

Kommentar: Es ist wie bei einem Strohfeuer. Auf einen raschen, glänzenden Aufstieg folgt ebenso rasch der Niedergang. Es bleiben keine dauerhaften Wirkungen zurück.

5 *Yin.* Tränen und Klagen, doch sie bringen Glück. *Das Bild:* Das Glück für die Schwachen besteht hier darin, daß sie sich an die Leitenden halten.

Kommentar: Deutlicher als andere siehst du die Vergänglichkeit allen Seins und empfindest tiefes Mitgefühl mit den Schwachen, die deiner Führung anvertraut sind. Darin liegt das Heilbringende dieser Situation.

6 *Yang.* Ein König muß auf einen Feldzug gehen; da er Glück hat, überwindet er den Anführer. Die Gefangenen sind nicht von derselben Art, so daß sie kein Tadel trifft. *Das Bild:* Wenn ein König auf einen Feldzug gehen muß, so geht es darum, das Land in Ordnung zu bringen.

Kommentar: Die Position als oberster Strich bedeutet das höchste Maß an Klarheit der

Sicht. Allerdings besteht hier die Gefahr zu großer Strenge. Es geht darum, üblen Machenschaften im Außen oder schlechten Gewohnheiten bei dir selbst ein Ende zu bereiten, doch solltest du dich auf die Hauptübeltäter beschränken. Die anderen sind nur Mitläufer und verlieren ihre Gefährlichkeit, wenn das »Haupt« erst gefaßt ist.

31. Die Empfind-
samkeit /
Das Einwirken
HIËN

Der Erfolg der EMPFINDSAMKEIT ist fördernd für die Wahrhaftigen. Eine Frau zu heiraten bringt Glück.

Das Urteil

EMPFINDSAMKEIT bedeutet spüren: Das Weiche ist oben, und das Feste unten; beide Kräfte reagieren empfindsam aufeinander und kommen auf diese Weise gut miteinander aus. Beständig und fröhlich; der Mann nimmt sich gegenüber der Frau zurück; darum ist dieser Erfolg fördernd für die Wahrhaftigen, und darum bringt es Glück, eine Frau zu heiraten. Alle Dinge und alle Wesen werden gezeugt durch die EMPFINDSAMKEIT von Himmel und Erde. Die EMPFINDSAMKEIT der Weisen bewegt das Herz der Menschen so sehr, daß die Welt Harmonie und Frieden findet. Wenn man betrachtet, auf was sie empfindsam reagieren, so erkennt man das Wesen aller Dinge im Universum.

Das Bild

Ein See auf dem Gipfel eines Berges: das Bild der EMPFINDSAMKEIT. Edle Menschen nehmen andere in Offenheit an.

Die Wandlungslinien

1 *Yin.* Die Empfindsamkeit äußert sich in der großen Zehe. *Das Bild:* Empfindsamkeit in der großen Zehe bedeutet, daß der Wille nach außen gerichtet ist.

Kommentar: Das Hexagramm handelt von der Anregung, die aufgrund einer natürlichen Anziehung zustande kommt. Diese Anregung wird als erstes in der großen Zehe spürbar und erfaßt dann von Linie zu Linie aufsteigend weitere Körperteile. Hier wird der Rat gegeben, schon die ersten Anzeichen einer Anregung wahrzunehmen, auch wenn sie noch im Unsichtbaren ist.

2 *Yin.* Wenn du spürst, daß die Wade sich nicht wohl fühlt, so tust du gut daran, an Ort und Stelle zu bleiben. *Das Bild:* Trotz Unheil solltest du an Ort und Stelle bleiben, das bringt Glück; das bedeutet, dem zu folgen, was unschädlich ist.

Kommentar: Wenn das Bein bewegt werden soll, muß die Wade der vom Fuß vorgegebenen Richtung folgen. Wendet sich der Fuß in die falsche Richtung und folgt ihm die Wade nicht, so kann das Bein nicht vorankommen. Darin liegt die Bedeutung, alles noch einmal wohl zu überlegen und deine Absichten zu prüfen.

3 *Yang.* Empfindsamkeit in den Hüften hält sich an das Nachfolgen; es ist beschämend, weiter-

zumachen. *Das Bild:* Empfindsamkeit in den Hüften bedeutet auch, daß man nicht stillehält; wenn man den Wunsch hat, anderen zu folgen, hält man sich an etwas Geringes.

Kommentar: Du befindest dich im Spannungsfeld der widersprüchlichsten Regungen. Entweder es drängt dich, den Wünschen anderer zu sehr nachzugeben, oder du versuchst in unzulässiger Weise, andere zu beeinflussen. Es kann auch sein, daß du zu stark deinen eigenen Launen folgst. In jeder Hinsicht wäre mehr Zurückhaltung und Sammlung zu empfehlen.

4 *Yang.* Es bringt Glück, wahrhaftig zu sein; die Reue schwindet. Unruhiges Kommen und Gehen, die Gefährten folgen deinen Gedanken. *Das Bild:* Mit dem Glück der eigenen Wahrhaftigkeit schwindet die Reue. Noch ist daran nichts, das schaden würde. Unruhiges Kommen und Gehen findet statt, bevor Größe erreicht wird.

Kommentar: Deine Gefühle (die »Gedanken« des Herzens) sind möglicherweise auf eine persönliche Beziehung gerichtet, die du zu beeinflussen suchst. Damit bewegst du dich im Rahmen des Vertrauten. Aufgrund deiner objektiven Stellung könntest du eine wesentlich größere Wirksamkeit im Sinne des Allgemeinwohls entfalten, wenn du dieser Sonderbeziehung weniger Aufmerksamkeit schenktest.

5 *Yang.* Wenn die Empfindsamkeit im Fleisch des Rückens spürbar ist, so gibt es keine Reue. *Das Bild:* Empfindsamkeit im Fleisch des Rückens bedeutet, daß das Herz auf die letzten Dinge gerichtet ist.

Kommentar: Du weißt um die wahre Wirkung, die von der Klarheit des eigenen Wesens ausstrahlt. Sie erzeugt eine natürliche Resonanz in anderen und bleibt empfänglich für die Arbeit am eigenen Charakter. Deine Klarheit wird aber möglicherweise überschattet durch Beziehungen, die du zu oberflächlichen, geschwätzigen Menschen unterhältst.

6 *Yin.* Die Empfindsamkeit äußert sich in den Kiefern und in der Zunge. *Das Bild:* Empfindsamkeit in den Kiefern und in der Zunge bedeutet, daß sich der Mund ständig zum Reden öffnet und schließt.

Kommentar: Mit deinem ständigen Reden magst du zwar gewisse Menschen beeindrucken, aber es berührt nicht wirklich das Herz.

32. Die Dauer
HONG

Hat die DAUER Gelingen, so gibt es keinen Makel. Fördernd ist es, wahrhaftig zu sein. Fördernd ist es, ein Ziel zu haben.

Das Urteil

DAUER haben bedeutet, daß etwas lange währt. Das Feste ist oben, das Weiche unten: Donner und Wind bilden ein Paar, das heißt, sie bewegen sich in Harmonie; das Feste und das Weiche reagieren dauerhaft aufeinander. Hat die DAUER Gelingen, so gibt es keinen Makel. Fördernd ist es, wahrhaftig zu sein, das heißt, daß man Dauer im Rechten hat. Der WEG von Himmel und Erde dauert ewig und kommt nie zu Ende. Fördernd ist es, zu haben, wohin man gehen kann; kommt man an ein Ende, so gibt es einen neuen Anfang. Solange Sonne und Mond den Himmel haben, können sie ewig scheinen; solange die vier Jahreszeiten einander abwechseln, sorgen sie für immerwährende Entwicklung. Wenn die Weisen DAUER zeigen in ihrem WEG, so gelangt die ganze Welt zu Vollkommenheit. Wenn man betrachtet, in was sie DAUER haben, so erkennt man die Natur aller Wesen im Universum.

Das Bild

Donner und Wind haben DAUER, so treten edle Menschen für etwas ein und weichen nicht von der Stelle.

Die Wandlungslinien

1 *Yin.* Beharrlichkeit in tiefgreifender Dauer bringt Unheil; man gewinnt keinen Nutzen. *Das Bild:* Das Unheil tiefgreifender Dauer liegt darin, daß man schon gleich zu Beginn nach Tiefe trachtet.

Kommentar: Was dem Leben und allen Dingen Dauer durch alle Veränderungen hindurch verleiht, sind Wertsysteme und Traditionen, die über einen langen Zeitraum gewachsen sind. Du hingegen möchtest dir ganz rasch etwas Dauerhaftes aneignen. Das kann nicht gelingen.

2 *Yang.* Reue schwindet. *Das Bild:* Reue schwindet hier für die Starken, die imstande sind, beharrlich ausgeglichen in der Mitte zu sein.

Kommentar: Deine Charakterstärke könnte dich verleiten, dich auf Unternehmungen einzulassen, die deine materiellen Möglichkeiten übersteigen. Doch besitzt du auch die Fähigkeit, dich zu beherrschen und eine Ausgewogenheit in dein Handeln zu bringen, die den Erfordernissen der Dauer aufs höchste gerecht wird.

3 *Yang.* Verleihst du deinem Charakter nicht Dauer, so wirst du Schande über dich bringen.

Selbst wenn du aufrichtig bist, wird man dich demütigen. *Das Bild:* Verleihst du deinem Charakter nicht Dauer, so wirst du nirgends zugelassen werden.

Kommentar: Hier ist eine Haltung gekennzeichnet, die der Dauer in ihrem tieferen Sinn genau entgegengesetzt ist. Du machst dich zum Spielball äußerer Einflüsse und läßt dich von oberflächlichem Aktionismus treiben. Demütigungen können von ganz unerwarteter Seite kommen.

4 *Yang.* Im Feld ist kein Wild. *Das Bild:* Wie kannst du erwarten, Wild zu erlegen, solange du beharrlich an der falschen Stelle suchst?

Kommentar: Ziel und Mittel stimmen nicht überein. Es mangelt dir nicht an Beharrlichkeit (Dauer), aber du mühst dich am falschen Platz oder lenkst deine Bemühungen in die falsche Richtung. Fixe Vorstellungen könnten dir im Wege stehen.

5 *Yin.* Willst du deinem Charakter Dauer verleihen, so bringt die Zuverlässigkeit einer Ehefrau Glück, für einen Mann bedeutet sie Unheil. *Das Bild:* Für eine Ehefrau bedeutet Zuverlässigkeit Glück, das bedeutet, ein und derselben Sache bis zum Ende zu folgen. Für einen Mann, der (verschiedene) Pflichten zu erfüllen hat, bedeutet es Unheil, wenn er den Weg der Ehefrau geht.

Kommentar: Ein dauerhafter Charakter sollte sowohl zuverlässig (Yin bzw. »Ehefrau«) als auch imstande sein, verschiedenen Dingen Aufmerksamkeit zu schenken (Yang bzw. »Mann«). Jedes Individuum verfügt über beide Anteile, nur ist es wichtig zu wissen, wann und bei welcher Gelegenheit welcher Anteil gebraucht wird.

6 *Yin.* Dauernde Erregung bringt Unheil. *Das Bild:* Werden die Leitenden von dauernder Erregung beherrscht, so kann absolut nichts erreicht werden.

Kommentar: Die Bewegung ist ein Charakteristikum dieser Linie. Zudem besteht eine Beziehung zu einer Person, die ihren Sinn ebenfalls nicht auf das Dauerhafte gerichtet hat. Eine Lösung aus diesem Dilemma bietet Hexagramm 50, DER TIEGEL, das sich aus der Wandlung der obersten Linie ergibt. Das würde allerdings bedeuten, daß du dich auf einen langsamen, inneren Wandlungsprozeß einlassen müßtest.

33. Der Rückzug
DUN

Durch RÜCKZUG überstehst du (diese Zeit) mit
Erfolg; bist du klein, so ist es fördernd, beharrlich
und wahrhaftig zu sein.

Das Urteil

Du ziehst dich zurück, um (diese Zeit) erfolgreich zu überstehen. Die Stärke ist am geeigneten
Platz und reagiert; dadurch verhält sie sich im
Einklang mit der Zeit. Bist du klein, so ist es
fördernd, beharrlich und wahrhaftig zu sein, in
dem Sinne, daß du allmählich wächst. Die Bedeutung des RÜCKZUGS zur rechten Zeit ist äußerst
wichtig.

Das Bild

Unter dem Himmel sind Berge, die nicht vermögen, an ihn heranzureichen; so halten edle Menschen geringe Menschen auf Abstand, nicht mit
Verachtung, sondern mit Würde.

Die Wandlungslinien

1 *Yin.* Wenn es am Schwanzende des Rückzugs
  gefährlich ist, solltest du nicht mit Absicht
  etwas unternehmen. *Das Bild:* Wie kann dir

die Gefahr am Schwanzende eines Rückzugs schaden, wenn du nichts unternimmst?

Kommentar: Die Situation birgt Gefahr. Du würdest dich gern jemandem anschließen, doch der andere zieht es vor, sich vor dir zurückzuziehen. Das Beste für dich ist, wirklich stillzuhalten und nichts zu unternehmen.

2 *Yin.* Befestigst du etwas mit gelbem Ochsenleder, so kann niemand die Verbindung lösen. *Das Bild:* Etwas mit gelbem Ochsenleder befestigen bedeutet einen starken Willen haben.

Kommentar: Du möchtest dich aus einer Situation zurückziehen oder von etwas lösen, aber etwas oder jemand hält dich noch mit aller Macht fest. Möglicherweise bist du aber auch selbst derjenige, der mit starkem Willen jemanden am Rückzug hindert. Doch kann beides den Rückzug allenfalls verzögern.

3 *Yang.* Rückzug in Sorge bringt Schwierigkeiten und Gefahr. Es ist glückverheißend, sich der Knechte und Mägde anzunehmen. *Das Bild:* Die Gefahr eines Rückzugs in Sorge besteht darin, daß es zu Schwierigkeiten und Erschöpfung kommt. Sich der Knechte und Mägde anzunehmen ist glückverheißend, aber es reicht nicht für große Werke.

Kommentar: Du befindest dich in einer besonders ungünstigen Lage. Obwohl die Zeit des Rückzugs gekommen ist, wollen dich bestimmte Menschen, die dir die Leitung übertragen haben, noch nicht gehen lassen. Da ist es das beste, aus der Not eine Tugend zu machen und diese Menschen als Hilfskräfte zu beschäftigen.

4 *Yang.* Edlen Menschen, die sich in der rechten Weise zurückziehen, wird Glück zuteil, geringen Menschen widerfährt dies nicht. *Das Bild:* Edle Menschen ziehen sich in der rechten Weise zurück, geringe Menschen nicht.

Kommentar: Jetzt ist ein ungehinderter Rückzug aus einem Projekt, einem Lebensabschnitt oder aus einer Beziehung möglich. Damit dies in der rechten Weise geschieht, bedarf es dazu eines klaren Entschlusses, dann geht alles gut. Das Bedauern ist auf der Seite derer, die verlassen werden.

5 *Yang.* Ein glücklicher Rückzug ist günstig, wenn er recht ist. *Das Bild:* Ein glücklicher Rückzug ist günstig, wenn er auf rechten Absichten beruht.

Kommentar: An der Notwendigkeit deines Rückzugs/Loslassens besteht jetzt absolut kein Zweifel mehr. Du weißt, daß es sich um ein Erfordernis der Zeit handelt. Möglicherweise vollziehst du den Rückzug nur innerlich und läßt gewisse äußere Formen bestehen. Solange du dich dadurch nicht korrumpieren läßt, ist das in Ordnung.

6 *Yang.* Wenn sich die Reichgewordenen zurückziehen, bleibt niemand ohne Nutzen. *Das
Bild:* Niemand bleibt ohne Nutzen, wenn sich
die Reichgewordenen zurückziehen, denn es
gibt kein Mißtrauen.
Kommentar: Dem vollständigen Rückzug
ohne Bedauern und Zweifel steht nichts mehr
im Wege. Es gibt keine Beziehungen mehr zu
dem, was vorher war. So ist ein ungehinderter
Neubeginn möglich.

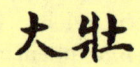

34. Die Macht des Großen
DA DSCHUANG

DIE MACHT DES GROSSEN ist fördernd für die Wahrhaftigen.

Das Urteil

DIE MACHT DES GROSSEN ist kraftvoll durch starke Bewegung. DIE MACHT DES GROSSEN ist fördernd für die Wahrhaftigen, sofern die Größe Korrektheit besitzt. Mache die Größe korrekt, dann vermagst du das Wesen von Himmel und Erde zu erkennen.

Das Bild

Der Donner ist oben am Himmel: Das ist DIE MACHT DES GROSSEN. Edle Menschen meiden in ihrem Tun alles, was nicht recht ist.

Die Wandlungslinien

1 *Yang.* Äußert sich die Macht in den Füßen, so bringt es Unheil, etwas zu unternehmen, auch wenn du Gewißheit hast. *Das Bild:* Wenn sich die Macht in deinen Füßen äußert, so wird die Gewißheit mit der Zeit schwinden.
Kommentar: Ein starkes Gefühl will dich zum Handeln treiben, doch es fehlt die rechte Überlegung. Daher der Rat, nichts zu unter-

nchmen, denn später, wenn das Glück sich legt, werden dir Zweifel kommen.

2 *Yang.* Fördernd ist es, aufrichtig und wahrhaftig zu sein. *Das Bild:* Hier ist Stärke glückverheißend, weil sie aufrichtig und wahrhaftig, das heißt in der Mitte und ausgewogen ist.

Kommentar: Der äußere Erfolg, der dir zur Zeit beschieden ist und dir Macht verleiht, könnte dich leicht übermütig werden lassen. Achte darauf, die goldene Mitte zu wahren und innerlich wahrhaftig zu sein.

3 *Yang.* Üben geringe Menschen die Macht aus, so ziehen sich edle Menschen bewußt zurück, beharrlich und wahrhaftig, umsichtig angesichts der Gefahr. Stößt ein Ziegenbock gegen eine Hecke, so bleibt er darin mit den Hörnern stecken. *Das Bild:* Wenn geringe Menschen die Macht ausüben, verbergen sich edle Menschen.

Kommentar: Es gibt Menschen, die ihre Macht mißbrauchen, um sich ihrer zu rühmen. Damit verstricken sie sich immer mehr in unheilvolle Situationen. Anstatt zur Selbstdarstellung sollte die Macht für eine sinnvolle Aufgabe eingesetzt werden.

4 *Yang.* Bleibe beharrlich und wahrhaftig, dann wird dir Glück zuteil und deine Reue schwindet. Wenn sich die Hecke öffnet, bleibst du nicht darin stecken. Die Macht beruht auf dem

Treibriemen eines großen Fahrzeugs. *Das Bild:* Die Hecke, die sich öffnet, so daß du nicht steckenbleibst, bedeutet, daß es fördernd ist, voranzuschreiten.

Kommentar: Hier kann sich die vorhandene Macht sinnvoll betätigen. Du bist in der Lage, das Kräftepotential vieler Menschen zu bündeln und einer Aufgabe zuzuführen, die allen Beteiligten zum Nutzen dient. Es gibt jetzt keinen Anlaß mehr zu Reue, wie bei der dritten Linie.

5 *Yin.* Man verliert den Ziegenbock in Leichtigkeit, keine Reue. *Das Bild:* Den Ziegenbock in Leichtigkeit verlieren heißt, daß deine Stellung nicht entsprechend ist.

Kommentar: Dein nachgiebiges, empfängliches Wesen entspricht an sich nicht deiner realen äußeren Machtposition. In diesem Fall ist dies aber ein glücklicher Umstand, denn so fällt es dir um so leichter, jedes »bockige« Verhalten, das heißt jedes Beharren auf deiner Macht, abzulegen.

6 *Yin.* Ein Ziegenbock, der gegen eine Hecke gerannt ist, kann weder vor noch zurück. Es führt zu keinem Nutzen. Setzt du dich mit deinen Schwierigkeiten auseinander, so bringt das Glück. *Das Bild:* Die Unfähigkeit, vor- oder zurückzugehen, heißt, daß du die Dinge nicht sorgfältig durchdacht hast. Setzt du dich

mit deinen Schwierigkeiten auseinander, werden weitere Fehler und Irrtümer vermieden.

Kommentar: Eigensinniger Umgang mit Macht bringt dich in extreme Verwicklungen. Jedes Fortfahren in diesem Verhalten würde alles nur schlimmer machen. Du hast aber die Fähigkeit, deine Probleme zu erkennen und als Persönlichkeit daran zu reifen.

35. Das Vorwärts-kommen / Der Fortschritt
DSIN

DAS VORWÄRTSKOMMEN: Ein gesicherter Fürst bringt reichlich Pferde als Geschenk dar* und hält dreimal am Tag Zusammenkünfte ab.

Das Urteil

VORWÄRTSKOMMEN bedeutet Fortschritt; sein Symbol ist das Licht, das über der Erde aufsteigt, während man fügsam an der großen Klarheit festhält. Durch Nachgiebigkeit kommt es zu Fortschritt und Aufstieg; daher heißt es, ein gesicherter Fürst bringt reichlich Pferde als Geschenk dar und hält dreimal am Tag Zusammenkünfte ab.

Das Bild

Das Licht steigt über der Erde auf: das Bild des VORWÄRTSKOMMENS. Edle Menschen lassen die Tugend erstrahlen, indem sie selbst ein Beispiel geben.

---

* Eine gefestigte Führungspersönlichkeit, die ihre Macht und Privilegien nicht monopolisiert, gewinnt dadurch an Stärke, daß sie sie mit anderen teilt.

Die Wandlungslinien

1 *Yin.* Vorwärtsschreitend unter Spannung; förderlich ist es, beharrlich und wahrhaftig zu sein. Findest du kein Vertrauen, so bleibe großmütig und gib anderen nicht die Schuld. *Das Bild:* Unter Spannung vorwärts zu schreiten bedeutet, unabhängig von anderen das Rechte zu tun. Großmütig zu sein und keine Schuldzuweisung zu machen, das bezieht sich auf die Zeit, bevor einer Berufung stattgegeben wird. *Kommentar:* Du möchtest vorankommen, findest aber bei deiner vorgesetzten Stelle nicht das notwendige Vertrauen. Dein Anliegen ist berechtigt, läßt sich aber zur Zeit nicht erzwingen. Bleibe gelassen und fahre fort, deine Pflicht zu tun. Die Zeit deines Aufstiegs wird kommen.

2 *Yin.* Vorwärtsschreitend in Trauer, förderlich ist es, beharrlich und wahrhaftig zu sein. Großer Segen kommt von der Großmutter. *Das Bild:* Großer Segen kommt, weil du in deiner Mitte und aufrichtig bist. *Kommentar:* Du wirst im Vorwärtsschreiten behindert und fühlst dich möglicherweise allein und verlassen. Bleibe unverzagt und wahrhaftig, dann wird dir höherer Segen zuteil. Die »Großmutter« ist die Yin-Linie auf fünftem, das heißt geehrtem Platz, der du durch innere Resonanz verbunden bist.

3 *Yin.* Wird Übereinkunft mit den anderen erzielt, so schwindet die Reue. *Das Bild:* Ziele, denen die anderen zustimmen, machen Fortschritte.

Kommentar: Gemeinsam mit anderen bist du am Aufstieg interessiert. Der WEG liegt nun klar vor euch, etwaige Hindernisse sind deutlich erkennbar und können daher gemeistert werden. Das Wichtigste ist, daß alle in ihrer Zielsetzung übereinstimmen.

4 *Yang.* Vorwärtsschreitend wie ein Eichhörnchen, das ist gefährlich, wenn es andauert. *Das Bild:* Es ist gefährlich, wie ein Eichhörnchen vorwärtszuschreiten: Das heißt, man ist fehl am Platz.

Kommentar: Um deine eigene Stellung und die damit verbundenen Vorteile zu sichern, verhältst du dich egoistisch und versuchst, durch opportunistisches Verhalten andere am Aufsteigen zu hindern. Doch der Fortschritt des Lichts läßt sich nicht aufhalten und könnte dazu führen, daß deine dunklen Machenschaften aufgedeckt werden. Daher solltest du rechtzeitig dein Verhalten ändern.

5 *Yin.* Die Reue schwindet und das Vertrauen wächst, sorge dich nicht; fördernd ist es, vorwärtszuschreiten, denn niemand wird vom Gewinn ausgenommen. *Das Bild:* Wenn das Vertrauen wächst, so sorge dich nicht, denn

wenn du weiter vorwärtsschreitest, wirst du froh darüber sein, daß du es getan hast.

Kommentar: Du bist in verantwortlicher Stellung, und der Fortschritt ist auf deiner Seite. Doch hängst du persönlich nicht an äußerlichem Fortschritt, sondern läßt den Segen anderen zukommen und förderst ihr Vorankommen. Darin zeigt sich innere Größe und ein erleuchteter Geist.

6 *Yang.* Mit den Hörnern vorstoßen, das gehört sich nur, um die eigene Stadt zu erobern; es ist gefährlich; wenn aber alles gutgeht, so hat man keinen Fehler begangen. Darin beharrlich zu sein ist beschämend. *Das Bild:* Das gehört sich nur, um die eigene Stadt zu besiegen; das heißt, wenn der WEG (der Tugend) noch nicht so weit verbreitet ist.

Kommentar: Deine Klarheit besitzt zuviel Schärfe. Du möchtest mit Gewalt Fortschritte erzielen, doch findest du dafür bei anderen kein Verständnis. Um deine Energie sinnvoll einzusetzen, solltest du sie zur Selbstberichtigung nutzen (um die »eigene Stadt zu besiegen«).

36. Die Verletzung der Lichten
MING I

明夷

DIE VERLETZUNG DER LICHTEN; fördernd ist es, in der Not beharrlich und wahrhaftig zu sein.

Das Urteil

Die Lichten gehen in den Untergrund; das geschieht in Zeiten der VERLETZUNG DER LICHTEN. Im Inneren verfeinert und erhellt, nach außen sanft und gefügig, so erdulden sie große Bedrängnis und Not. Fördernd ist es, in der Not beharrlich und wahrhaftig zu sein; das heißt, daß man sein eigenes Licht verbirgt und den eigenen Willen trotz innerer Schwierigkeiten auf das Rechte richtet.

Das Bild

Das Licht, das in die Erde sinkt: das Bild der VERLETZUNG DER LICHTEN. Im Umgang mit den Massen sind edle Menschen bewußt zurückhaltend und dennoch klar.

Die Wandlungslinien

1 *Yang.* Werden die Lichten im Flug verletzt, so lassen sie ihre Flügel herabsinken. Edle Menschen auf der Reise essen drei Tage lang nichts. Hat man einen Ort, an den man gehen kann,

so wird die dort zuständige Person zu reden haben. *Das Bild:* Wenn edle Menschen auf der Reise sind, so ist es für sie richtig, nicht zu essen.

Kommentar: Du möchtest gern aufsteigen, doch triffst du auf Hindernisse. Durch deine Beziehungen zu verschiedenen Menschen erfährst du mehr über die Art des Hindernisses und das beste Verhalten ihm gegenüber. Selbst wenn du deiner Lebensgrundlagen beraubt bist und gewisse Leute dich kritisieren, wirst du deine Grundsätze nicht kompromittieren. Mache dich so unsichtbar wie möglich.

2 *Yin.* Sind die Lichten am linken Bein verletzt, so brauchen sie Hilfe; es bringt Glück, wenn die Pferde stark sind. *Das Bild:* Das Glück für die Schwachen in dieser Lage besteht darin, praktische Vorbilder zu haben, denen sie folgen können.

Kommentar: Trotz der Verletzung, die du erleidest, mobilisierst du all deine Kräfte, um denen Mut zu machen, die mit dir betroffen sind. Eine offene Konfrontation mit der unterdrückenden Macht ist jedoch zur Zeit nicht möglich.

3 *Yang.* Die Lichten werden verletzt und begeben sich zur Jagd nach Süden; selbst wenn die großen Rädelsführer gefaßt werden, wird es doch nicht gelingen, sie rasch zu bessern. *Das*

Bild: Das Ziel der Jagd im Süden besteht in einer bedeutenden Machtübernahme.

Kommentar: Aufgrund deiner Stellung kommst du in direkten Kontakt mit den Kräften, von denen die Verletzungen und Unterdrückungen ausgehen. Es dürfte dir nun nicht schwerfallen, diese Kräfte in den Griff zu bekommen, doch vergiß nicht, daß jede Berichtigung ihre Zeit braucht. Das gilt auch, wenn es sich darum handelt, liebgewonnene, aber schädliche Gewohnheiten bei sich selbst zu berichtigen.

4 *Yin.* Du dringst durch die linke Bauchhöhle ein, triffst auf das Herz der Verletzung des Lichten und suchst das Haus zu verlassen. *Das Bild:* Durch die linke Bauchhöhle eindringen heißt, daß man die innerste Gesinnung des Herzens erfährt.

Kommentar: Du bist nun in der Lage, die innersten Beweggründe der unterdrückenden Kräfte/Personen zu durchschauen, und erkennst, daß eine Besserung nicht zu erwarten ist. Daher tust du gut daran, den Schauplatz des Geschehens zu verlassen.

5 *Yin.* Bist du verletzt wegen deiner erleuchteten Gesinnung wie der rechtmäßige Sproß einer korrupten Familie, so ist es fördernd, aufrichtig und wahrhaftig zu sein. *Das Bild:* Die Aufrichtigkeit des rechtmäßigen Sprosses einer korrupten Familie liegt in dem Umstand,

daß die erleuchtete Gesinnung nicht aufzuhalten ist.

Kommentar: Durch enge (Familien-)Bande bist du mit dem Haupt der Unterdrückung verbunden und kannst dich daher der Lage äußerlich nicht entziehen. Eine offene Rebellion ist ebenso unmöglich. Mit großer Hingabe fügst du dich in die dunkle Zeit und bleibst beharrlich im Inneren deinen Grundsätzen treu. Allein die Zeit wird eine Wende zum Besseren bringen.

6 *Yin.* Wenn nichts erleuchtet ist, so herrscht Finsternis. Erst steigst du zum Himmel empor, dann sinkst du unter die Erde. *Das Bild:* Erst zum Himmel emporsteigen bedeutet, daß man die Nationen der vier Weltgegenden erleuchtet; dann unter die Erde sinken bedeutet, daß man das Normale verliert.

Kommentar: Es ist hier vom zunächst legitimen Aufstieg zu Macht und Größe die Rede, dem dann der Abstieg in deren Mißbrauch und in die Unterdrückung folgt. Diese Linie symbolisiert das Haupt der Finsternis, von dem alle anderen Linien tyrannisiert werden.

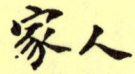

37. Die Familie
GIA JEN

DIE FAMILIE: Für eine Frau ist es fördernd, tugendhaft zu sein.

Das Urteil

DIE FAMILIE: Der rechte Platz für die Frau* ist im Inneren des Hauses, der rechte Platz für den Mann ist draußen. Es ist von universeller Bedeutung, daß Mann und Frau den rechten Platz einnehmen. Die Familie steht unter einer strengen Führung, das sind Vater und Mutter. Wenn der Vater die Rolle des Vaters spielt, der Sohn die Rolle des Sohnes, der ältere Bruder die Rolle des älteren Bruders, die jüngeren Brüder die Rolle der jüngeren Brüder, wenn der Gatte die Rolle des Gatten und die Ehefrau die Rolle der Ehefrau einnimmt, dann ist die Familie in Ordnung. Berichtige die Familie, so kommt die Welt in Ordnung.

---

* Mann und Frau, Vater und Mutter usw. stehen hier als Urbilder für das erwachsene Männliche bzw. Weibliche und für die Zuordnungen von Funktionen und Rollen, die innerhalb jeder Organisation auszufüllen sind. Die männliche Rolle kann ebensogut von einer Frau wahrgenommen werden und umgekehrt. Wichtig ist, daß jedes Mitglied einen eindeutigen Platz ausfüllt (vgl. den Kommentar zur ersten Linie).

Das Bild

Der Wind steigt aus dem Feuer auf: das Bild der
FAMILIE. Edle Menschen verleihen ihren Worten
Substanz, und ihr Tun hat Dauer.

Die Wandlungslinien

1 *Yang.* Schütze das Haus, das du hast, dann
schwindet die Reue. *Das Bild:* Das Haus zu
schützen bedeutet, daß dein Wille sich nicht
geändert hat.
Kommentar: Diese Linie bildet die Grundlage
der Familie oder einer Organisation. Achte
darauf, daß jedes Mitglied seinen festgesetzten
Platz und seine Rolle kennt und auf die Regeln
verpflichtet wird, die notwendig sind, damit
alle einen Nutzen davon haben. So kommt es
nicht zu Ungerechtigkeiten, und Verstöße
können rechtzeitig berichtigt werden.

2 *Yin.* Nicht das Haus verlassen, sondern drin-
nen bleiben und für Speise sorgen; fördernd ist
es, beharrlich und wahrhaftig zu sein. *Das
Bild:* Für die Schwachen ist harmonischer Einklang in dieser Lage glückverheißend.
Kommentar: Hier ist die wichtige Aufgabe der
Hüterin des Feuers angesprochen. Als Zentrum der Ernährung der Familie oder Gruppe
widmest du dich den sehr praktischen Dingen
des Alltags und trägst damit wesentlich zum
gedeihlichen Zusammenleben bei. Daher der

Rat, diese Pflichten nicht zu vernachlässigen, indem du eigene Wege gehst.

3 *Yang.* Wenn es in der Familie streng zugeht, so ist es fördernd, gewissenhaft und sorgfältig zu sein. Wenn Frauen und Kinder leichtfertig werden, kommt es schließlich zu Beschämung. *Das Bild:* Wenn es in der Familie streng zugeht, so heißt das, sie ist nicht auf Abwege geraten. Wenn Frauen und Kinder leichtfertig werden, so heißt das, die Ordnung der Familie ist dahin.

Kommentar: Übermäßige Strenge von einer Seite ruft leicht Übermut oder ein »Über-die-Stränge-Schlagen« auf der anderen Seite hervor. Ein goldener Mittelweg dürfte für alle Beteiligten annehmbar sein. Der chinesische Kommentar rät allerdings im Zweifelsfall zu mehr Strenge.

4 *Yin.* Den Reichtum des Hauses zu mehren ist sehr günstig. *Das Bild:* Den Reichtum des Hauses zu mehren bedeutet, daß die Ausgewogenheit am rechten Platz ist.

Kommentar: Dieser Linie kommt die Verwaltung der Finanzen und aller übrigen Ressourcen der Familie oder Gruppe zu. Sie achtet darauf, daß der Verbrauch die Einnahmen nicht übersteigt. Gleichzeitig übt diese Linie einen stark einigenden Einfluß auf die ganze Gruppe aus.

5 *Yang.* Wenn der König sein Heim findet, sorge dich nicht, es ist glückverheißend. *Das Bild:* Daß der König sein Heim findet, bedeutet, daß die Partner einander in Liebe zugetan sind.

Kommentar: Die fünfte Linie ist der Platz der väterlichen Autorität. Hier ist eine Person gezeichnet, in der sich Festigkeit mit Sanftheit paart und die in Liebe den anderen Mitgliedern der Familie oder Gruppe zugetan ist. Das gibt die Grundlage für gegenseitiges Vertrauen.

6 *Yang.* Gibt es Wahrhaftigkeit, so bringt ehrfürchtiges Verhalten Heil. *Das Bild:* Das Heil, das in ehrfürchtigem Verhalten liegt, hat etwas mit Selbstprüfung und Reform zu tun.

Kommentar: Du fühlst dich in jeder Hinsicht für dein eigenes Tun und für die Familie oder Gruppe verantwortlich und wirst dieser Aufgabe, ohne parteiisch zu sein, gerecht. Wenn du dich als Teil einer größeren Ordnung verstehst und zu ständiger Selbstprüfung und Erneuerung bereit bist, bleibt der Erfolg nicht aus.

38. Der Gegensatz
KUI

DER GEGENSATZ: Glück, wenn es um kleine Dinge geht.

Das Urteil

DER GEGENSATZ: Das Feuer steigt auf, und die Feuchtigkeit senkt sich herab; zwei Frauen leben zusammen, aber ihr Wille ist nicht auf das Gleiche gerichtet. Das Heitere haftet am Lichten, das Weiche ist im Aufsteigen begriffen, die Bewegung erreicht die ausgewogene Mitte und reagiert auf feste Stärke. Daher hat man Glück, wenn es um kleine Dinge geht. Himmel und Erde bilden Gegensätze, doch wirken sie gemeinsam; Mann und Frau bilden Gegensätze, doch ihr Wille ist auf Austausch gerichtet. Alle Wesen sind verschieden, doch was sie bewegt, ist ähnlich. In Zeiten des GEGENSATZES ist der Gebrauch des richtigen Zeitpunkts äußerst wichtig!

Das Bild

Oben das Feuer und unten der See: das Bild des GEGENSATZES. Edle Menschen passen sich an, doch wahren sie ihre Verschiedenheit.

Die Wandlungslinien

1 *Yang.* Reue schwindet. Geht dir dein Pferd verloren, jage ihm nicht nach; es wird von allein zurückkehren. Siehst du schlimme Menschen, bleibst du ohne Makel. *Das Bild:* Schlimme Menschen sehen heißt, daß du dadurch Fehler vermeidest.

Kommentar. Es bahnt sich eine Entfremdung zwischen dir und einer anderen Person an. Läufst du ihr hinterher, so machst du die Sache nur schlimmer. Läßt du sie innerlich los und bleibst heiter und gelassen, so kommt sie von selbst zurück. Am Beispiel der anderen kannst du lernen, eigene Fehler zu vermeiden.

2 *Yang.* Triffst du den Meister in einer engen Gasse, kein Makel. *Das Bild:* Den Meister in einer engen Gasse treffen heißt, daß du den WEG nicht verloren hast.

Kommentar: Es besteht eine starke Anziehung zu einem Menschen, der in vorgesetzter oder verantwortlicher Stellung ist. Doch ist ein offenes Zusammentreffen durch Mißverständnisse oder Meinungsverschiedenheiten zur Zeit nicht möglich. Da ist eine zufällige Begegnung, auch unter ungewöhnlichen Bedingungen, kein Fehler.

3 *Yin.* Am Wagen wird gezerrt und der Ochse angehalten; dieser Mensch wird vom Himmel gestraft. Kein Anfang, doch ein Ende. *Das*

Bild: Am Wagen wird gezerrt, das heißt, die Stellung ist nicht die gebührende. Obwohl es keinen Anfang gab, wird es ein Ende geben, das heißt, nachdem man dem Festen und Starken begegnet ist.

Kommentar: Die Spannungen, die durch den Gegensatz hervorgerufen werden, erreichen an diesem Platz ihren Höhepunkt. Von allen Seiten wird an dir gezerrt, du wirst beschimpft, verletzt und weggestoßen. Deine einzige Rettung besteht darin, unbeirrt und fest zu bleiben. Sobald sich die Mißverständnisse auflösen, gibt es für dich ein gutes Ende.

4 *Yang.* Vereinsamt durch Gegensatz; triffst du auf gutgesinnte Menschen, so verkehre mit ihnen in Wahrhaftigkeit, dann bleibst du ohne Fehler trotz Gefahr. *Das Bild:* Ohne Fehler zu bleiben durch wahrhaftigen Verkehr bedeutet, daß Ziele durch bewußtes Handeln verwirklicht werden.

Kommentar: Du befindest dich unter Menschen, die gegensätzliche Interessen verfolgen, so daß du vollkommen isoliert wirst. Doch kann es geschehen, daß du auf Gleichgesinnte triffst, denen du vertrauen kannst. Gemeinsam mit ihnen lassen sich die Mißverständnisse durch bewußtes Handeln ausräumen.

5 *Yin.* Die Reue schwindet. Hat die Sippe die Ihren bestraft, was sollte dann noch das Fort-

schreiten behindern? *Das Bild:* Hat die Sippe die Ihren bestraft, so kann man in Freude fortschreiten.

Kommentar: Du hast einen Freund, der dir aufrichtig zugetan ist und der die Hindernisse zwischen euch energisch bereinigt. Obwohl du dich in einer höheren Position befindest, solltest du nun deinerseits freudig auf ihn zugehen. So schwindet die Reue darüber, daß du ihn zunächst verkannt hast. Da sich eure Fähigkeiten ergänzen, könnt ihr gemeinsam die anstehende Arbeit bewältigen.

6 *Yang.* Im Gegensatz vereinsamt, siehst du mit Schlamm bedeckte Schweine und einen Wagen voll Dämonen. Zuerst spannt man den Bogen, dann legt man ihn nieder. Nicht Gegner, sondern Partner sind sie. Beim Fortschreiten bringt es Glück, wenn Regen fällt. *Das Bild:* Das Glück, das der Regen bedeutet, besagt, daß alles Mißtrauen bereinigt wird.

Kommentar: Die Vereinsamung ist hier das Ergebnis der eigenen fehlerhaften Einstellung. Du siehst nur das Äußere und wertest es als schlecht, ohne das wirkliche Potential in den anderen zu sehen. Zuerst wehrst du sie ab, doch dann erkennst du deine Verblendung und merkst, daß die anderen in bester Absicht zu dir kommen. Auf diese Weise lösen sich alle Spannungen auf.

**39. Das Innehalten /
Das Hemmnis
GIËN**

DAS INNEHALTEN: Günstig ist der Südwesten, nicht der Nordosten.* Fördernd ist es, große Menschen zu sehen. Fördernd ist es, beharrlich und wahrhaftig zu sein.

Das Urteil

INNEHALTEN bedeutet, daß Schwierigkeiten und Gefahr vor einem liegen. Im Angesicht der Gefahr innehalten zu können, das ist Weisheit. Zum Innehalten ist der Südwesten günstig, das heißt, man geht hin und erlangt die Ausgewogenheit der Mitte. Nicht günstig ist der Nordosten, denn damit ist ein Weg gemeint, der in einer Sackgasse endet. Fördernd ist es, große Menschen zu sehen, das heißt, man bewirkt etwas, indem man zu ihnen geht. Ist man auf gebührendem Platz, so ist es fördernd, beharrlich und wahrhaftig zu sein und dadurch das Land zu berichtigen. Beim INNEHALTEN ist das Beachten des richtigen Zeitpunkts äußerst wichtig.

---

* Dem Südwesten sind Eigenschaften wie Empfänglichkeit, Offenheit und Ausgewogenheit zugeordnet; im Nordosten endet der Weg.

Das Bild

Über einem Berg ist Wasser; halte inne. Edle Menschen entwickeln ihren Charakter durch Selbstprüfung.

Die Wandlungslinien

1 *Yin.* Wenn Gehen in Hemmnisse führt, so findet Kommen Lob. *Das Bild:* Wenn Gehen in Hemmnisse führt, wartet man am besten, bis der richtige Zeitpunkt kommt.

   Kommentar: Jedes Voranschreiten angesichts von Hindernissen wäre jetzt falsch. Wende dich am besten nach innen (»Kommen findet Lob«) und warte, bis die Schwierigkeit vorüber ist.

2 *Yin.* Wenn Könige und Minister angesichts von Schwierigkeiten innehalten, so geschieht dies nicht aus persönlichen Gründen. *Das Bild:* Wenn Könige und Minister angesichts von Schwierigkeiten innehalten, so ist letztlich kein Unterschied mehr zwischen ihnen.

   Kommentar: Da du dich im Dienst einer Person oder Sache befindest, die in Schwierigkeiten geraten ist, machst du es zu deiner Angelegenheit, dich um die Probleme zu kümmern. Gerätst du dabei selbst in schwierige Lagen, so trifft dich keine Schuld, da du nur deine Pflicht erfüllst.

3 *Yang.* Wenn Gehen auf Behinderung stößt, so

komme zurück. *Das Bild:* Wenn du zurück-kommst, freuen sich die Deinen.

Kommentar: Würdest du dich jetzt darauf ein-lassen, gegen ein Hindernis zu kämpfen, so wären andere, die deiner Fürsorge bedürfen, schutzlos. Doch besitzt du genügend Einsicht und Beharrlichkeit, von deinem Vorhaben ab-zulassen und dich den Schwächeren zuzuwen-den. Aus der Solidarität mit ihnen wird die notwendige Kraft erwachsen, sich gemeinsam den Schwierigkeiten zu stellen.

4 *Yin.* Wenn Gehen auf Behinderung stößt, so komme mit Gesellschaft. *Das Bild:* Wenn du mit Gesellschaft kommst, wird der Stellung Genüge getan.

Kommentar: Jeder Versuch, das Hemmnis al-lein zu überwinden, wäre zum Scheitern ver-urteilt. Halte inne und besinne dich auf die Menschen, die dich tatkräftig unterstützen können, denn du hast die Möglichkeit, sie zu-sammenzuführen. Damit entsprichst du auch deiner Stellung als »Minister« (traditionelle Zuschreibung zur 4. Linie).

5 *Yang.* Inmitten der größten Hindernisse kom-men Freunde. *Das Bild:* Wenn Freunde kom-men, herrschen Maß und Mitte.

Kommentar: Du befindest dich im Zentrum der Gefahr, doch besitzt du auch die innere Stärke, dich ihr mit Unterstützung von anderen zu stellen. Diese Unterstützung fällt dir aufgrund deiner großen Ausstrahlung wie von selbst zu.

6 *Yin.* Wenn Gehen auf Hindernisse stößt, so führt Kommen zu Großem. Fördernd ist es, große Menschen zu sehen. *Das Bild:* Wenn Gehen auf Hindernisse stößt, führt Kommen zu Großem, weil der Wille nach innen gerichtet ist. Fördernd ist es, große Menschen zu sehen, denn auf diese Weise folgt man dem, der edel und wertvoll ist.

Kommentar: Es handelt sich hier um einen Menschen, dessen Charakter an zahlreichen Hindernissen gereift ist. Nun könnte er den Dingen den Rücken kehren, doch wird seine Hilfe für eine wertvolle Sache gebraucht. Er nimmt die Herausforderung an und stellt sich mit anderen in den Dienst einer führenden Persönlichkeit, unter deren Leitung die Schwierigkeiten gelöst werden.

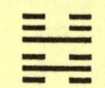 **40. Die Lösung /
Die Befreiung**
HIË

Für eine LÖSUNG ist der Südwesten* gewinnbringend. Ohne fortgegangen zu sein, ist Zurückkommen glückverheißend. Hat man, wohin man
gehen kann, so ist es fördernd, früh zu beginnen.

Das Urteil

DIE LÖSUNG verlangt Bewegung, denn es ist
Gefahr vorhanden; man bewegt sich, um der Gefahr zu entkommen. Für eine Lösung ist der
Südwesten gewinnbringend; das heißt, durch
Voranschreiten gewinnt man Menschen. Ohne
fortgegangen zu sein, ist das Zurückkommen
glückverheißend; das heißt, man erlangt die Ausgewogenheit der Mitte. Hat man, wohin man
gehen kann, so ist es fördernd, früh zu beginnen;
das heißt, es steht etwas zur Erledigung an, indem
man voranschreitet. Wenn Himmel und Erde
sich befreien, erheben sich Donner und Regen.
Erheben sich Donner und Regen, so durchbre-
chen die Keime aller fruchttragenden Pflanzen
und Bäume ihre Hüllen. Die Zeit der LÖSUNG ist
äußerst wichtig!

*   Vgl. die Anmerkung zu Hexagramm 39.

Das Bild

Donner und Regen: das Bild der LÖSUNG. So verzeihen edle Menschen begangene Fehler und entschuldigen, was unrecht war.

Die Wandlungslinien

1 *Yin.* Sei ohne Tadel. *Das Bild:* Wo das Feste und das Weiche einander begegnen, ist es richtig, ohne Tadel zu sein.

Kommentar: Du hast noch nicht bemerkt, daß die Schwierigkeiten überwunden sind und die Zeit der Befreiung da ist. Doch andere lassen es dich spüren. Du brauchst jetzt eine Zeit der Erholung, um wieder zu Kräften zu kommen.

2 *Yang.* Du fängst auf einer Jagd drei Füchse und findest einen goldenen Pfeil; Glück, wenn du aufrichtig und wahrhaftig bist. *Das Bild:* Auf diesem Platz bringt es den Starken Glück, wenn sie aufrichtig und wahrhaftig sind, das heißt, wenn sie den Weg der Ausgewogenheit der Mitte erlangen.

Kommentar: Es sind noch Kräfte (»drei Füchse«) am Werk, die durch List oder einschmeichelndes Verhalten maßgeblich die Situation beeinflussen. Du hast die Aufgabe, sie zu beseitigen. Das rechte Mittel dazu ist maßvolles Vorgehen (die Farbe Gold) und ein Handeln aus dem Herzen (die Mitte). Beharrlichkeit wird dir Erfolg bringen.

3 *Yin.* In abhängiger Stellung und dabei opportunistisch sein, das schafft Feinde; darin fortzufahren ist beschämend. *Das Bild:* In abhängiger Stellung und dabei opportunistisch zu
sein ist wirklich beschämend. Wenn du selbst
dafür sorgst, daß du angegriffen wirst, wem
anders als dir kommt da die Schuld zu?

Kommentar: Du versuchst, eine Stellung zu
halten, der du nicht gewachsen bist. Die Zeit
der Befreiung verlangt eine Richtigstellung der
Verhältnisse. Wenn du selbst nicht zu einer
Korrektur bereit bist, wirst du von anderen
dazu gezwungen werden.

4 *Yang.* Entfernst du deine große Zehe, so zieht
diese Aufrichtigkeit dir Freunde an. *Das Bild:*
Deine große Zehe entfernen bedeutet, daß dir
klar wird, daß du nicht in der gebührenden
Stellung bist.

Kommentar: Deine Stellung als »Minister«
(4. Linie) würde es erfordern, daß du eine verantwortungsvolle Unternehmung unterstützt.
Doch stehen dir deine Aggressivität und Heftigkeit im Wege (die »große Zehe«). Befreie
dich von diesem Verhalten und übe Disziplin,
dann werden andere gern mit dir zusammenarbeiten.

5 *Yin.* Edle Menschen haben eine Lösung, die
Heil bringt. Geringen Menschen gegenüber
sind sie aufrichtig. *Das Bild:* Wenn edle Men-

schen eine Lösung haben, so ziehen sich geringe Menschen zurück.

Kommentar: Um dich aus einer üblen Lage oder von schlechten Gewohnheiten zu lösen, bedarf es eines festen, aufrichtigen Entschlusses. Gehst du mit gutem Beispiel voran, auch wenn es dich viel Kraft kostet, so zieht sich die schlechte Gesellschaft von selbst zurück.

6 *Yin.* Ein Fürst legt an auf einen Habicht auf hoher Mauer und schießt ihn ab; alle haben davon Nutzen. *Das Bild:* Ein Fürst, der auf einen Habicht anlegt und ihn abschießt, bedeutet, daß ein Mißklang aufgelöst wird.

Kommentar: Ein letztes, starkes Hindernis steht der endgültigen Befreiung noch im Wege. Es kann dein eigener Stolz sein oder auch eine Angst vor der Ungewißheit, die die Befreiung mit sich bringt. Durch sorgfältig überlegtes Vorgehen wird es dir gelingen, diesen Widersacher zu beseitigen. Befreit kannst du der Zukunft entgegenschreiten.

41. Die Minderung
SUN

DIE MINDERUNG ist sehr glückverheißend und ohne Makel, wenn Wahrhaftigkeit da ist. Es ist angemessen, beharrlich und aufrichtig zu sein. Es ist fördernd, etwas zu unternehmen. Was soll man benutzen? Zwei Schalen* können zur Übergabe von Geschenken benutzt werden.

Das Urteil

MINDERUNG bedeutet, das Untere zu mindern, um das Obere zu mehren: Die Bewegung ist nach oben gerichtet. Minderung in Wahrhaftigkeit ist glückverheißend und ohne Makel. Es ist fördernd, beharrlich und aufrichtig zu sein, und es bringt Nutzen, zu haben, wohin man gehen kann. Was soll man benutzen? Zwei Schalen können zur Übergabe von Geschenken benutzt werden. Für die Übergabe der zwei Schalen ist der richtige Zeitpunkt wichtig: Die Minderung des Festen und die Mehrung des Weichen haben ihre Zeit, ebenso wie Minderung und Mehrung, Füllen und Leeren dem Lauf der Zeit folgen.

* Die »zwei Schalen« stehen für die unterschiedlichen Seinsweisen von Yang und Yin: Füllen und Leeren, Geben und Empfangen.

Das Bild

Ein See ist unter einem Berg: das Bild der MINDE-RUNG. So trennen sich edle Menschen von ihrem Zorn und gebieten der Habgier Einhalt.

Die Wandlungslinien

1 *Yang.* Beendest du deine Geschäfte, so gehe rasch hin, kein Makel; doch wäge wohl ab, bevor du minderst. *Das Bild:* Deine Geschäfte beenden und rasch hingehen heißt, daß du dich höheren Zielen anschließt.

Kommentar: Du spürst, daß deine Hilfe für eine höhere Aufgabe gebraucht wird, und bist zu jeder Hilfeleistung gern bereit. Die andere Seite, die dadurch bereichert wird, hat die Pflicht, darauf zu achten, daß sie nicht mehr annimmt, als gebraucht wird, und daß du dar-über nicht zu Schaden kommst.

2 *Yang.* Fördernd ist es, beharrlich und wahr-haftig zu sein, doch brächte es Unheil, etwas zu unternehmen. Mindere nicht, sondern mehre dies. *Das Bild:* Für den Starken in dieser Stellung ist es fördernd, beharrlich und wahr-haftig zu sein, das sollte er als sein Ziel betrach-ten.

Kommentar: Du bist in der Gefahr, dich einer höherstehenden Person oder Sache anzudie-nern und deine Selbstachtung zu vernachläs-sigen. Du leistest allen Beteiligten den besten

Dienst, wenn du beharrlich deine Selbstachtung stärkst. So mehrst du, ohne zu mindern.

3 *Yin.* Wenn drei Menschen reisen, so werden sie um eine Person gemindert. Reist eine Person allein, so findet sie einen passenden Gefährten. *Das Bild:* Verhält man sich, als wäre man allein, so wird eine Gruppe mißtrauisch.

Kommentar: Beziehungen sind in der Umstrukturierung begriffen. Wo vorher drei waren, bleiben zwei zurück. Wo jemand allein war, findet er einen Gefährten, der ihn vom Wesen her ergänzt.

4 *Yin.* Minderung des Unbehagens bringt eitel Freude; daran ist nichts falsch. *Das Bild:* Minderst du das Unbehagen, so gibt es wahrlich Grund zur Freude.

Kommentar: Du empfindest einen Mangel, den ein anderer gern bereit ist auszugleichen. Wenn du diese Hilfsbereitschaft nicht ungebührlich ausnutzt, sondern darauf achtest, daß dem anderen kein Schaden entsteht, so gibt es für alle Beteiligten Anlaß zur Freude.

5 *Yin.* Wenn man zehn Paar Schildkröten zum Geschenk erhält, so kann sich dem niemand widersetzen. Sehr glückbringend. *Das Bild:* Das erhabene Glück des Schwachen in dieser Stellung ist die Hilfe, die er von oben erhält.

Kommentar: Durch deine offene und wahrhaftige Haltung ziehst du unerwarteten Segen an. Es ist sozusagen ein großes Geschenk des Himmels.

6 *Yang.* Mindere nicht, sondern mehre. Kein Makel. Fördernd ist es, beharrlich und wahrhaftig zu sein. Fördernd ist es, zu haben, wohin man gehen kann; du findest Helfer, doch hast du kein Haus. *Das Bild:* Mindere nicht, sondern mehre, das heißt, du erreichst dein Ziel in vollem Umfang.

Kommentar: Es handelt sich hier um eine äußerst glückliche Situation des Gebens und Nehmens. Du wirst durch andere gemehrt, dafür gibst du den anderen Schutz und Stabilität. Du solltest dir nun größere, öffentliche Aufgaben suchen; Helfer wirst du genügend finden. Der Erfolg deiner Unternehmung ist gewiß.

42. Die Mehrung
I

DIE MEHRUNG ist fördernd, wenn sie auf ein Ziel gerichtet ist. Fördernd ist es, große Flüsse zu überqueren.

Das Urteil

MEHRUNG heißt, die Höheren zu mindern zugunsten der Niederen; die Freude der Menschen ist grenzenlos. Der Pfad, der vom Höheren zum Niederen führt, leuchtet weithin. Es ist fördernd, wenn die Mehrung auf ein Ziel gerichtet ist; das heißt, Glück und Freude stellen sich ein, wenn du aufrichtig und in deiner Mitte bist. Fördernd ist es, große Flüsse zu überqueren; das bedeutet, daß der Weg des harmonischen Handelns begangen wird. Die Mehrung geschieht aktiv und auf harmonische Weise; sie schreitet fort von Tag zu Tag, ohne Grenzen. Da der Himmel gibt und die Erde hervorbringt, bewirken sie eine allumfassende Mehrung.

Das Bild

Wind und Donner: das Bild der MEHRUNG. Wenn edle Menschen etwas Gutes sehen, übernehmen sie es; haben sie einen Fehler begangen, so berichtigen sie ihn.

Die Wandlungslinien

1 *Yang.* Wenn es von Nutzen ist, große Werke zu tun, so gibt es keine Schwierigkeiten, wenn die Vorzeichen sehr glückverheißend sind. *Das Bild:* Es gibt keine Schwierigkeiten, wenn die Vorzeichen sehr glückverheißend sind; das bedeutet, daß Untergebene nicht übersehen werden.

Kommentar: Nutze die außerordentliche Förderung, die dir zur Zeit von oben (vom Himmel) zuteil wird, um Großes zu leisten. Ein machtvoller schöpferischer Impuls drängt dich, deine Fähigkeiten in eine Unternehmung einzubringen, die dem allgemeinen Wohl dient. Erhabener Erfolg ist gewiß.

2 *Yin.* Wenn einem zehn Paar Schildkröten geschenkt werden, so kann sich dem niemand widersetzen. Es ist glückverheißend, dauerhaft beharrlich und wahrhaftig zu sein. Es ist glückverheißend für den König, der Gottheit ausdrücklich Opfer darzubringen. *Das Bild:* Daß etwas geschenkt wird, bedeutet, daß es von außen kommt.

Kommentar: Deine große Wahrhaftigkeit bewirkt, daß dir von oben großes Glück zuteil wird. Diese Mehrung nimmst du freudig an und stellst dich sofort einer höheren Sache zur Verfügung. Halte aber dein Glück nicht für selbstverständlich und nicht für dein eigenes Verdienst, sondern arbeite weiter an deiner Wahrhaftigkeit, und sei dem Himmel dankbar.

3 *Yin.* Wenn man unheilvolle Angelegenheiten zur Mehrung nutzt, kein Makel. Bleibe in deinem Auftreten aufrichtig, und wahre die Mitte; verwende ein Symbol der Autorität, wenn du Fürsten etwas verkündest. *Das Bild:* Daß unheilvolle Angelegenheiten zur Mehrung genutzt werden, das hat es immer gegeben.

Kommentar: Selbst Unheil kann zur Mehrung genutzt werden, wenn dies im Einklang mit dem innersten Wesen geschieht. Die unheilvolle Angelegenheit ist etwas, was du selbst getan hast, oder etwas, das dir von außen zustößt. Dadurch, daß du vertrauensvoll aus deiner Mitte heraus handelst, geht eine Autorität von dir aus, die dir auch an höherer Stelle Gehör verleiht. Du verstehst es, aus der Not eine Tugend zu machen.

4 *Yin.* Ausgeglichenem Auftreten, das öffentlich zum Ausdruck gebracht wird, wird Folge geleistet. Ein solches Auftreten ist von Nutzen, wenn man es zur Grundlage macht, um ein Heimatland zu verlegen. *Das Bild:* Wird der Wille, segensreiche Verbesserungen vorzunehmen, zum Ausdruck gebracht, so wird das Volk ihm Folge leisten.

Kommentar: Du bist in der Position des Mittlers (»Ministers«) und vermagst einen höheren Auftrag von weitreichender Bedeutung zu übernehmen. Da du dies ohne Gedanken an eigenen Vorteil tust, werden dir die Betroffenen bei der Ausführung behilflich sein.

5 *Yang.* Aufrichtigkeit zu besitzen ist heilsam für das Herz, ohne Frage. Sehr glückverheißend. Aus der Aufrichtigkeit erwächst Anerkennung für Tugendhaftigkeit. *Das Bild:* Aufrichtigkeit ist heilsam für das Herz; stelle dies nicht in Frage. Man erhält Anerkennung für seine Tugendhaftigkeit, das Ziel ist voll und ganz erreicht.

Kommentar: Du bist großzügig und offenherzig im Geben, ohne jede Berechnung und ohne Erwartung von Gegengaben. Du siehst deine vornehmste Aufgabe darin, bei anderen für Wachstum und Mehrung zu sorgen. Das trägt dir die verdiente Anerkennung ein.

6 *Yang.* Vermehre etwas nicht so sehr, daß es zum Angriff reizt. Richtest du deinen Sinn auf etwas, so beharre nicht so sehr darauf, daß es ins Unglück führt. *Das Bild:* Wenn es heißt, man solle etwas nicht so sehr vermehren, so ist damit normalerweise Einseitigkeit gemeint; wenn es heißt, daß es zum Angriff reizen könnte, so ist damit etwas gemeint, das von außen kommt.

Kommentar: Um den Erfordernissen der Zeit

zu entsprechen, müßtest du in deiner Stellung den Nutzen anderer mehren. Du hingegen nimmst von anderen mehr, als du gibst. Dadurch setzt du dich Angriffen aus, und niemand hat einen Nutzen.

43. Die Entschlossenheit / Der Durchbruch
GUAI

ENTSCHLOSSENHEIT wird am königlichen Hof verkündet. Ein ernsthafter Warnruf weist auf die vorhandene Gefahr hin. Wende dich gegen dein eigenes Reich. Nicht fördernd ist es, gewaltsam vorzugehen. Fördernd ist es, etwas zu unternehmen.

Das Urteil

ENTSCHLOSSENHEIT bedeutet, Unterscheidungen zu treffen; das Starke trennt sich vom Schwachen. Dazu gehört, daß man kraftvoll und doch freundlich, entschlossen und doch harmonisch vorgeht. ENTSCHLOSSENHEIT wird am königlichen Hof verkündet, das deutet auf eine Lage, da das Schwache allein auf fünf Starken reitet. Eine ernsthafte Warnung weist auf die vorhandene Gefahr hin, das heißt, Vorsicht verbreitet Licht. Wende dich gegen dein eigenes Reich; nicht fördernd ist es, gewaltsam vorzugehen, denn dieser Entschluß würde dich in eine verzweifelte Lage bringen. Fördernd ist es, etwas zu unternehmen, denn dadurch vollendet sich das Wachstum des Starken.

Das Bild

Das Wasser steigt bis in den Himmel empor: das Bild der ENTSCHLOSSENHEIT. Edle Menschen verteilen ihren Reichtum, um diejenigen zu erreichen, die weiter unten stehen, doch wenn sie sich ihrer Tugend rühmen, wird man es ihnen übelnehmen.

Die Wandlungslinien

1 *Yang.* Schreitet man machtvoll mit den Füßen voran, so ist es beschämend, bei Mißerfolg weiterzugehen. *Das Bild:* Weiterzumachen, ohne die notwendigen Fähigkeiten zu besitzen, das ist ein Fehler.

Kommentar: Von dem, was es mit Entschlossenheit zu beseitigen gilt, bist du noch sehr weit entfernt. Du spürst lediglich deine große Kraft und möchtest unbedingt etwas unternehmen. Prüfe sehr ernsthaft, wieweit du der Sache wirklich gewachsen bist, und gehe nur schrittweise voran. Blinder Eifer hätte unheilvolle Folgen.

2 *Yang.* Bist du wachsam und in Alarmbereitschaft, brauchst du dich nicht zu sorgen, selbst wenn des Nachts die Angreifer kommen. *Das Bild:* Du brauchst dich nicht zu sorgen, selbst wenn Angreifer kommen, wenn du innere Ausgewogenheit erlangt hast.

Kommentar: Die Zeit zum entschlossenen Handeln ist noch nicht da, auch wenn andere in deiner Umgebung dich dazu verleiten möchten. Deine Aufgabe ist es, alle notwendigen Vorbereitungen zu treffen, um jederzeit reagieren zu können. Übe dich in Wachsamkeit, Vorsicht und Besonnenheit.

3 *Yang.* Entschlossenheit zu zeigen kann Unheil bringen. Edle Menschen reisen entschlossen allein; sie treffen auf Regen; werden sie naß, so führt dies zu Verunsicherung, doch gibt es keinen Makel. *Das Bild:* Wenn edle Menschen entschlossen sind, so werden sie am Ende ohne Makel sein.

Kommentar: Während alle Menschen in deiner Umgebung entschlossen sind, einen Widersacher zu beseitigen, empfindest du selbst eine gewisse Nähe zu dieser Person, vielleicht bringst du ein gewisses Verständnis für sie auf, ohne dich jedoch mit ihr gemein zu machen. Dadurch ziehst du dir den Groll der anderen zu, die deine Absichten verkennen. Ertrage die Ablehnung, und bleibe dir selber treu.

4 *Yang.* Wenn kein Fleisch am Gesäß ist, wird das Gehen aufgehalten. Führe das Schaf an einer Leine, dann schwindet die Reue. Man mag Worte hören, doch glaubt man ihnen nicht. *Das Bild:* Wenn das Gehen aufgehalten wird, heißt, daß die Stellung nicht die gebührende ist. Daß man Worte hört, ihnen aber nicht glaubt, bedeutet, daß man nicht klar hört.

Kommentar: Du hast nicht das »Sitzfleisch«, das in dieser Situation gebraucht wird. In deiner Unruhe möchtest du voran, doch versuchen andere, die die Lage besser einschätzen können, dich davon abzuhalten. Vermutlich schenkst du ihren Worten aber keinen Glauben. Es wäre besser, du würdest dir Zügel anlegen lassen.

5 *Yang.* Freundlich und doch entschlossen, ein ausgewogenes Verhalten ist ohne Makel. *Das Bild:* Verhältst du dich ausgewogen, so bist du ohne Makel. Die Ausgewogenheit ist noch nicht glänzend.

Kommentar: Auf dir ruht die ganze Verantwortung für die Beseitigung des Widersachers, doch stehst du ihm gleichzeitig am nächsten. Da bedarf es wiederholt des festen Entschlusses von deiner Seite, das Übel bei der Wurzel zu packen. Allerdings solltest du dich ausgewogen verhalten, weder Brachialgewalt noch übertriebene Freundlichkeit führen zum Ziel.

6 *Yin.* Kein Warnruf, am Ende kommt Unheil. *Das Bild:* Das Unheil, daß kein Warnruf ertönt, liegt darin, daß man nicht in der Lage ist weiterzumachen.

Kommentar: Da es sich bei dieser Linie um den »Widersacher« handelt, den die fünf unteren Linien beseitigen wollen, sind zwei Interpretationen möglich: Der Widersacher könnte glauben, daß seine Beziehungen zur 3. und 5. Linie (siehe dort) ihm helfen, noch einmal davonzukommen. Aus der Sicht der anderen könnte es so aussehen, als gäbe es nichts mehr zu tun, als sei das Übel schon beseitigt. Beide wiegen sich also in einer falschen Sicherheit.

44. Das Zusammen-
treffen /
Die Versuchung
GOU

Wenn eine Frau beim ZUSAMMENTREFFEN stark ist, versuche nicht, sie zu heiraten.

Das Urteil

DAS ZUSAMMENTREFFEN ist eine Begegnung: Das Weiche begegnet dem Festen; sie sollten nicht den Versuch machen zu heiraten, da sie zusammen keine Dauer haben können. Wenn Himmel und Erde einander begegnen, so treten alle Dinge und Wesen in die Erscheinung. Wenn Festigkeit auf Ausgewogenheit und Korrektheit trifft, so ist die ganze Welt in Ordnung. Die Bedeutung des Zeitpunkts ist beim ZUSAMMENTREFFEN äußerst wichtig.

Das Bild

Der Wind ist unter dem Himmel: das Bild des ZUSAMMENTREFFENS. So erteilen die Leitenden ihre Anweisungen, auf daß sie in alle vier Himmelsrichtungen verkündet werden.

Die Wandlungslinien

1 *Yin*. Man verwendet eine metallene Bremse; es ist fördernd, beharrlich und wahrhaftig zu

sein. Unternimmst du etwas, so wird dir Unheil widerfahren; ein ausgezehrtes Schwein springt umher als Vorbote. *Das Bild:* Du verwendest eine metallene Bremse, wenn dich die Schwäche hinreißt.

Kommentar: Es ist das Bild einer beginnenden Verführung oder Versuchung. Etwas, das im Augenblick noch schwach (»ausgezehrt«) erscheint, möchte zunehmend Einfluß gewinnen. Die konfuzianische Moral rät, diesem Einfluß schon in seinen Anfängen zu wehren.

2 *Yang.* Ist der Fisch im Beutel, kein Makel, doch hat ein Gast keinen Nutzen davon. *Das Bild:* Einen Fisch im Beutel haben bezieht sich auf eine Verpflichtung, die für Gäste nicht gilt.

Kommentar: Auf ausgewogene Art hältst du ein schattiges Element (»Fisch«) unter Kontrolle und sorgst dafür, daß andere damit nicht in Berührung kommen. Tätest du dies nicht, so würde das Schattige rasch die Macht an sich reißen.

3 *Yang.* Wenn kein Fleisch am Gesäß ist, wird das Gehen aufgehalten. Richte deine Bemühungen auf Höheres, dann machst du keinen großen Fehler. *Das Bild:* Daß das Gehen aufgehalten wird, bedeutet, daß du dich noch inkonsequent verhältst.

Kommentar: Du hast kein »Sitzfleisch« und fühlst dich von einer Versuchung (vgl. 1. Linie) angezogen. Doch hält dich jemand oder etwas davon ab. Die Empfehlung des Orakels lautet, dich vom Schattigen ab- und dem Lichten (Höheren) zuzuwenden.

4 *Yang.* Keinen Fisch im Beutel zu haben bringt Unglück. *Das Bild:* Das Unglück, keinen Fisch im Beutel zu haben, bezieht sich auf eine Entfremdung vom Volk.

Kommentar: Es wäre deine Pflicht, den Kontakt zu Menschen aufrechtzuerhalten, die du als »geringer« einstufst. Doch verhältst du dich ihnen gegenüber intolerant und wendest dich ab. So werden sie auch nicht zur Stelle sein, wenn du sie einmal brauchst.

5 *Yang.* Eine Melone mit Blättern der Flußweide einzuwickeln heißt, ihre Schönheit zu verhüllen. Da fällt etwas vom Himmel herab. *Das Bild:* Wenn das Starke an diesem Platz die Schönheit verhüllt, so ist es aufrichtig und in seiner Mitte. Daß etwas vom Himmel auf einen herabfällt, bedeutet, daß man entschlossen ist, die eigene Bestimmung nicht aufzugeben.

Kommentar: Die Melone ist ein Symbol des dunklen, weiblichen Prinzips, das in Gestalt der untersten Linie in das Hexagramm eindringt. Ohne den Menschen, die durch die unterste Linie repräsentiert sind, zu nahe zu treten, schützt du sie und läßt sie sich im verborgenen umgestalten und reifen. Wenn die

Zeit kommt, fällt dir die reife Frucht wie vom Himmel zu.

6 *Yang.* Mit den Hörnern zusammenzutreffen ist beschämend, aber es ist kein Makel. *Das Bild:* Mit den Hörnern zusammenzutreffen, das ist die Beschämung, die durch die Erschöpfung an der Spitze entsteht.

Kommentar: Dein Sinn ist auf andere Dinge gerichtet als auf ein Zusammentreffen mit Menschen, die du möglicherweise gering achtest. Daher stößt du sie vor den Kopf. Da du im Augenblick nicht von Nutzen sein kannst, solltest du dich am besten in Ruhe zurückziehen.

45. Die Sammlung
TSUI

DIE SAMMLUNG führt zu Gelingen; der König naht seinem Schrein. Fördernd ist es, große Menschen zu sehen, so erlangt man Erfolg. Fördernd ist es, wahrhaftig zu sein. Fördernd ist es, ein großes Opfer darzubringen. Es ist von Nutzen, zu haben, wohin man gehen kann.

Das Urteil
SAMMLUNG bedeutet eine Versammlung. Harmonisch und heiter, das Starke ist in der Mitte und reagiert mit Hingabe; so kommt es zur Versammlung. Der König, der seinem Schrein naht, bedeutet, ein Opfer aus Kindesliebe darzubringen. Fördernd ist es, große Menschen zu sehen, um Erfolg zu erlangen; das bedeutet, daß man sich versammelt um das, was recht ist. Daher ist es fördernd, wahrhaftig zu sein. Fördernd ist es, ein großes Opfer darzubringen, und es ist von Nutzen, zu haben, wohin man gehen kann; das bedeutet, der Führung des Himmels zu folgen. Achte darauf, um was sich alle Dinge im Universum versammeln, dann vermagst du ihr Wesen zu erkennen.

Das Bild

Das Feuchte steigt auf und ist über der Erde: DIE SAMMLUNG. Edle Menschen verwenden Waffen zur Verteidigung, um auf das Unerwartete vorbereitet zu sein.

Die Wandlungslinien

1 *Yin.* Wenn die Ernsthaftigkeit nicht bis zum Ende andauert, so entstehen Chaos und Verwirrung. Weinst du, so ist es mit Lachen vermischt. Sei unbesorgt; wenn du dich aufmachst, so wird es keine Schwierigkeiten geben. *Das Bild:* Chaos und Verwirrung bedeuten, daß ihre Herzen verwirrt sind.

Kommentar: Bestimmte Einflüsse lassen dich noch zögern, dich einer Gruppierung anzuschließen, die dir Halt und Führung bieten würde. Doch bedarf es lediglich deines laut geäußerten Wunsches, damit dir die anderen bereitwillig die Hand reichen.

2 *Yin.* Ziehe das Glück an, es gibt keine Schwierigkeiten. Wenn du es ernst meinst, verwende eine höfliche Geste. *Das Bild:* Es gibt keine Schwierigkeiten, wenn du das Glück anziehst, denn das heißt, daß die ausgewogene Mitte unverändert ist.

Kommentar: Es besteht eine starke Anziehung zu einem Projekt oder einer Gruppe. Solltest du den Eindruck haben, daß dich etwas oder jemand daran hindern möchte, dich der Sache anzuschließen, so ist dieses Hindernis mehr in deiner Vorstellung als in der Realität. Gib den Kräften nach, die dich im tiefsten Inneren anziehen, so ziehst du das Glück an. Eine kleine höfliche Geste reicht aus, um deine Ernsthaftigkeit zu bezeugen.

3 *Yin.* Wenn Sammlung mit Klagen einhergeht, so hat niemand davon Nutzen. Geh hin, es wird kein Makel sein, nur ein wenig Beschämung. *Das Bild:* Geh hin, es wird kein Makel sein, denn oben stößt du auf Zustimmung.

Kommentar: Du hast vielleicht das Gefühl, daß die Gruppe, der du dich anschließen möchtest, schon geschlossen ist. Doch anstatt dich in deinen Kummer zu vergraben, solltest du dich einem einflußreichen Mitglied der Gruppe anvertrauen und um Einführung in den Kreis bitten. Die Zustimmung wird nicht ausbleiben.

4 *Yang.* Erhabenes Glück, kein Makel. *Das Bild:* Es gibt nur darum keinen Makel, weil erhabenes Glück waltet, das heißt, die Stellung ist nicht die gebührende.

Kommentar: In enger Abstimmung mit dem Mittelpunkt der Gruppe sorgst du dafür, daß die Menschen zum Zusammenschluß ermutigt werden und daß alle äußeren Bedingungen für die Existenz der Gruppe stimmen. Ohne persönliche Vorteile zu erhoffen, setzt du dich ganz für die Sache ein. Daher erhabenes Glück.

5 *Yang*. Wenn sie um eine (einflußreiche) Stellung versammelt sind, so ist das kein Makel für diejenigen, die noch nicht ernsthaft dabei sind. Ist die Grundlage immer wahrhaftig, so schwindet Reue. *Das Bild:* Andere um die eigene Stellung versammeln bedeutet, daß es deinen Bestrebungen noch an Größe mangelt.

Kommentar: Du bist der Mittelpunkt, um den sich andere sammeln. Daraus ergibt sich deine Verantwortung, dafür zu sorgen, daß die Wirkungen, die andere zum Anschluß an die Gruppe bewegen, weniger von deiner einflußreichen Stellung als von der Stärke deines Charakters ausgehen.

6 *Yin*. Besitztümer werden fortgegeben, Weinen und Seufzen, kein Makel. *Das Bild:* Besitztümer werden fortgegeben, Weinen und Seufzen, das heißt, man findet oben keine Sicherheit.

Kommentar: Die oberste Linie ist isoliert und findet keinen Anschluß an die Gruppe. Daher ist es berechtigt, wenn du deinem Kummer Luft machst. Das einzige, was du tun kannst, ist, dich innerlich zu sammeln, anstatt die Sammlung außen zu suchen.

46. Das Empordringen
SCHONG

DAS EMPORDRINGEN ist mit erhabenem Erfolg verbunden; dadurch wirst du große Menschen sehen, sorge dich also nicht. Förderlich ist ein Aufbruch nach Süden.*

Das Urteil

Passe dich hingebend den Zeitumständen an, dann wirst du EMPORDRINGEN. Harmonisch und empfänglich sein und mit ausgewogener Stärke reagieren, das ist der Weg zu großem Erfolg. Dadurch wirst du große Menschen sehen, sorge dich also nicht; das heißt, es kommt Segen. Fördernd ist ein Aufbruch nach Süden, das bedeutet, dein Ziel wird erreicht.

Das Bild

In der Erde wachsen Bäume: DAS EMPORDRINGEN. So bauen edle Menschen durch sorgfältige Pflege ihrer Tugenden aus etwas Kleinem etwas von erhabener Größe auf.

---

* Der Süden wird mit dem Element Feuer assoziiert, das heißt mit Wahrnehmungsvermögen, Bewußtheit und Verstandesklarheit.

Die Wandlungslinien

1 *Yin.* Durch Wahrhaftigkeit empordringen ist sehr glückverheißend. *Das Bild:* Durch Wahrhaftigkeit empordringen deutet auf eine Übereinstimmung der Herzen an höherer Stelle.
Kommentar: Deine Situation ist vergleichbar der eines Samenkorns, das tief in der Erde liegt. Du besitzt die besten Voraussetzungen für ein erfolgreiches Wachstum, da du in deinem Wesen übereinstimmst mit den Menschen oder mit der Umgebung, die dich darin fördern können. Bleibe dir selbst treu, und hab Vertrauen in deine Fähigkeiten.

2 *Yang.* Bist du ernsthaft, so ist es fördernd, sich an den Brauch zu halten, dann ist kein Makel. *Das Bild:* Wenn die Starken in dieser Stellung ernsthaft sind, entsteht Freude.
Kommentar: Deine Stärke liegt im praktischen Bereich. Hier entwickelst du solide Fähigkeiten, die du in den Dienst einer verantwortlichen Persönlichkeit stellst. Die Beziehung ist durch gegenseitigen Respekt und Vertrauen gekennzeichnet. So entsteht Freude bei allen Beteiligten.

3 *Yang.* Empordringen in ein leeres Reich. *Das Bild:* Empordringen in ein leeres Reich heißt, es gibt nichts, das dich zögern ließe.
Kommentar: Du kommst leicht voran, alle Türen stehen dir offen. Nutze diese Zeit gut, denn

die Zeit des ungehemmten Empordringens wird nicht ewig dauern. Doch sollten solche Gedanken dich nicht daran hindern, jetzt alle deine Kräfte einzusetzen.

4 *Yin.* Wenn der König auf dem Berg die Opfer darbringt und es Heil bringt, so ist kein Makel. *Das Bild:* Daß der König auf dem Berg die Opfer darbringt, bedeutet, daß man tut, was zu tun ist.

Kommentar: Du befindest dich in der rechten Stellung (auf dem Platz des »Ministers«) und wirst deiner Aufgabe gerecht, indem du dich von den Einflüssen tragen läßt, die hier aufeinandertreffen. Nicht selber aufsteigen wollen, sondern deine Pflicht erfüllen und durchlässig sein, so unterstützt du das Wachstum der Gesamtsituation.

5 *Yin.* Fördernd ist Beharrlichkeit; steige die Stufen hinauf. *Das Bild:* Steigst du beharrlich die Stufen hinauf, so erreichst du vollkommen dein Ziel.

Kommentar: Beharrlich, Stufe um Stufe, bist du aufgestiegen und vereinst dadurch alle Qualitäten der unteren Linien in dir. Nun hast du die Aufgabe, diesem Wachstum Dauer zu verleihen. Arbeite beharrlich weiter an deiner eigenen inneren Entwicklung, so verhilfst du auch anderen zu ihrem Wachstum.

6 *Yin.* Empordringen in Unbekanntes wird ge-

fördert durch unerschöpfliche Beharrlichkeit.

Das Bild: Wenn beim Empordringen in Unbekanntes die Kraft an der Spitze nicht ausreicht, so wirst du nicht gedeihen.

Kommentar: Das Zeichen DAS EMPORDRINGEN hat nun seinen Gipfel erreicht. In blindem Eifer weiter emporsteigen zu wollen würde nur Unheil bringen. Was vor dir liegt, ist dunkel und unbekannt und will mit unerschöpflicher Beharrlichkeit von dir durchdrungen werden. Es handelt sich darum, dich beharrlich nach innen zu wenden.

47. Die Erschöpfung
KUN

ERSCHÖPFUNG, und doch wird sie erfolgreich durchgestanden; großen Menschen, die beharrlich und wahrhaftig sind, wird Glück zuteil, und sie sind ohne Makel. Es gibt Worte, denen kein Glauben geschenkt wird.

Das Urteil
ERSCHÖPFUNG: Das Starke ist verdeckt. Es gelingt wohl nur edlen Menschen, selbst in der Not fröhlich zu bleiben und ihren WEG nicht zu verlieren, so daß sie die Not erfolgreich durchstehen. Edlen Menschen, die beharrlich und wahrhaftig sind, wird Glück zuteil, denn ihre Stärke ist ausgewogen. Es gibt Worte, denen kein Glauben geschenkt wird, das heißt, du gerätst in eine Sackgasse, wenn du Worten einen hohen Wert beimißt.

Das Bild
Ein See ohne Wasser: das Bild der ERSCHÖPFUNG. Edle Menschen erreichen ihre Ziele, indem sie ihr Schicksal annehmen und hindurchgehen.

1 *Yin.* Man sitzt erschöpft auf einem Baum-
stumpf, ist abgestiegen in ein dunkles Tal; drei
Jahre lang wird man nicht gesehen. *Das Bild:*
Daß man abgestiegen ist in ein dunkles Tal,
bedeutet, daß Finsternis oder ein Mangel an
Klarheit herrscht.

Kommentar: Du hast einen Fehlschlag erlitten
und bist nun innerlich in Bedrängnis. Aus deiner Perspektive sieht die Lage aussichtslos aus,
aber objektiv ist sie es nicht, denn es gibt jemanden, der auf dich wartet. Versuche, innerlich gelassener zu werden und die Dinge im
größeren Zusammenhang zu sehen.

2 *Yang.* Bist du erschöpft von Speis und Trank,
dann kommt das königliche Gewand; fördernd ist es, bewußt Opfer zu bringen. Ge-
waltsames Vorgehen bringt Unheil; Warten ist
ohne Makel. *Das Bild:* Erschöpft zu sein von
Speis und Trank heißt, daß man das Herz
erfreut.

Kommentar: Wenn das äußere Wohlergehen
dich erschöpft, dann ist es an der Zeit, deinen
inneren Reichtum zu erschließen. Deine Gaben werden für eine überpersönliche Aufgabe
gebraucht, doch mußt du warten, bis jemand
kommt (im »königlichen Gewand«). Dieses
Kommen wird noch durch Hindernisse verzögert. Du kannst aber helfen, den Weg zu

ebnen, indem du beharrlich Geduld übst (deine Ungeduld »opferst«). Dann wirst du schließlich geadelt.

3 *Yin.* Man sitzt erschöpft auf einem Stein, stützt sich auf Dornengestrüpp und geht in die Kammer, doch sieht man seine Frau nicht; Unheil. *Das Bild:* Sich stützen auf Dornengestrüpp bedeutet, auf der Verstockung herumzureiten. In die Kammer gehen und seine Frau nicht sehen, das ist bedenklich.

Kommentar: Deine Wahrnehmung ist getrübt, es fehlt dir der nötige Abstand zu den Dingen. In einer Situation der Bedrängnis wirkt sich dieser Umstand besonders unheilvoll aus. Leider siehst du in allem nur das Negative. Mit etwas mehr Bewußtheit würdest du einen positiven Einfluß bemerken, der auf jeden Fall vorhanden ist.

4 *Yang.* Langsam im Ankommen, erschöpft in einem goldenen Wagen; es ist beschämend, doch gibt es ein Ende. *Das Bild:* Langsam im Ankommen bedeutet, daß das Streben auf etwas gerichtet ist, das unter einem ist. Obwohl man nicht am rechten Platz ist, hat man doch Gefährten.

Kommentar: Auf dem Platz des »Ministers« ist es deine Aufgabe, anderen aus ihrer Bedrängnis zu helfen, und du machst dich auch auf den Weg. Doch läßt du dich unterwegs durch Ehrungen verführen (goldener Wagen), so daß deine Hilfe verzögert wird, aber schließlich wird sie doch noch geleistet; auf diese Weise gewinnst du Gefährten.

5 *Yang.* Nase und Füße sind abgeschnitten; erschöpft in einem königlichen Gewand. Danach kommt ganz allmählich Freude. Fördernd ist es, religiöse Opfer darzubringen. *Das Bild:* Daß einem Nase und Füße abgeschnitten sind, bedeutet, daß die Bestrebungen ihr Ziel nicht erreicht haben. Danach kommt ganz allmählich Freude, das heißt, wenn du ausgewogen und geradeheraus bist. Fördernd ist es, religiöse Opfer zu bringen für den Segen, der dir zuteil wurde.

Kommentar: Du bist in verantwortlicher Stellung und erfüllst dafür auch alle Voraussetzungen. Dir liegt das Wohl derer, die von dir abhängig sind, sehr am Herzen, aber wohin du dich auch wendest, gerätst du zunächst selbst in Bedrängnis. Bleibe innerlich stark und vertraue darauf, daß die Zeiten sich zum Besseren wenden werden. Dann bedanke dich bei den höheren Mächten.

6 *Yin.* Erschöpft in den Wirren der Zeiten der Unsicherheit; es wird Anlaß zu Reue geben, wenn man meint, das Handeln bereuen zu müssen. Fördernd ist es, herauszutreten. *Das Bild:* Erschöpft zu sein in den Wirren bedeu-

tet, daß man das, was vor einem liegt, noch nicht gemeistert hat. Daß es Anlaß zu Reue geben wird, wenn man meint, das Handeln bereuen zu müssen, heißt, daß man das Glück selbst in der Hand hat.

Kommentar: Hier, auf dem obersten Platz, erreicht die Bedrängnis ihr Ende. Doch bist du noch so in den Wirren der hinter dir liegenden Bedrängnisse gefangen, daß du meinen könntest, jede Bewegung brächte dich in Gefahr. Nun verhält es sich gerade umgekehrt: Verharren gäbe Anlaß zu Reue. Streife deine Fesseln ab, und gehe der neuen Zeit entgegen.

48. Der Brunnen
DSING

Gibt es einen BRUNNEN, so kann man wohl die
Stadt wechseln, aber das ändert nichts am Brunnen. Es gibt weder Verlust noch Gewinn. Kommen und Gehen, doch der Brunnen bleibt ein
Brunnen. Wer beinahe (an das Brunnenwasser)
heranreicht, hat doch noch nicht Seil genug, um
aus dem Brunnen zu schöpfen. Den Eimer zerbrechen, das bedeutet Unglück.

Das Urteil
Der Wind unter dem Wasser, der das Wasser
aufsteigen läßt, das ist das Symbol des BRUN-
NENS. Ein Brunnen nährt, ohne sich zu erschöp-
fen. Wechselt man die Stadt, so ändert das nichts
am Brunnen; das bedeutet, mit Festigkeit und
Ausgewogenheit aus der Mitte heraus zu handeln. Man verliert nichts und gewinnt nichts, wie
auch immer man kommt und geht, der Brunnen
ist ein Brunnen. Wenn das Seil doch nur beinahe
(an das Brunnenwasser) heranreicht, so ist es
doch noch nicht lang genug, um Wasser aus dem
Brunnen zu schöpfen; das deutet auf eine Lage,
da man etwas noch nicht erfolgreich abgeschlossen hat. Den Eimer zerbrechen bezieht

sich auf die Art und Weise, wie es zum Unglück kommt.

Das Bild

Wasser über Holz, das Bild des BRUNNENS. Edle Menschen ermutigen zum gegenseitigen Austausch, indem sie das Volk erquicken.

Die Wandlungslinien

1 *Yin.* Der Schlamm im Brunnen wird nicht getrunken. An einem verlassenen Brunnen sind keine Tiere. *Das Bild:* Der Schlamm im Brunnen wird nicht getrunken, da er am Grunde des Brunnens liegt. Daß an einem verlassenen Brunnen keine Tiere sind, bedeutet, daß er mit der Zeit in Vergessenheit geraten ist.
Kommentar: Die unterste Linie bezieht sich auf den tiefsten Grund des Brunnens. Hier sammelt sich im Laufe der Zeit Schlamm an, wenn man nicht ständig an der eigenen Selbsterneuerung arbeitet. Darunter leiden sowohl die eigenen Lebenskräfte (»keine Tiere«) als auch die lebendigen Austauschbeziehungen mit anderen Menschen.

2 *Yang.* Die Tiefe des Brunnens reicht aus für einen kleinen Karpfenfisch; der Krug ist zerbrochen und leckt. *Das Bild:* Daß die Tiefe des Brunnens nur für einen kleinen Karpfenfisch ausreicht, deutet an, daß man keine Gefährten hat.

Kommentar: Es ist zwar Wasser im Brunnen, doch dient es nur zur Ernährung der eigenen Triebe (»kleiner Karpfenfisch«), und Menschen können nicht daraus trinken. Mehr noch: Deine Energien laufen aus, du schadest dir selbst.

3 *Yang.* Wenn ein Brunnen gereinigt ist, aber nicht benutzt wird, so tut es einem im Herzen weh. Man kann daraus schöpfen, und sobald dies der Herrscher versteht, werden alle seine Segnungen empfangen. *Das Bild:* Wenn ein Brunnen gereinigt ist, aber nicht benutzt wird, so bedeutet das, daß die praktischen Schritte schmerzliche Mühe bereiten. Sich um das Verstehen des Herrschers zu bemühen heißt Segnungen empfangen.

Kommentar: Du hast deine Anlagen und Fähigkeiten genügend entwickelt, daß auch andere davon Nutzen haben könnten. Aber noch wird dein Reichtum an maßgeblicher Stelle nicht erkannt. Da ist es das beste, dein eigenes Vertrauen in die unsichtbaren Wirkungen zu stärken, die in jedem Fall von deiner starken Persönlichkeit ausgehen. Wenn dann eines Tages auch die entsprechenden Stellen deine Gaben erkennen, wird es ein Segen für alle sein.

4 *Yin.* Wird ein Brunnen ausgekleidet, kein Makel. *Das Bild:* Das Auskleiden des Brunnens ist

kein Makel, denn der Brunnen wird dadurch wieder instand gesetzt.

Kommentar: Damit der Brunnen auf Dauer Wasser spenden kann, bedarf er von Zeit zu Zeit der Ausmauerung. Überprüfe deine Wertvorstellungen und Ziele: Welche taugen noch, und welche sind überholt? Dies ist eine Zeit des Rückzugs, in der du anderen nicht wie gewohnt zur Verfügung stehen kannst.

5 *Yang.* Ist ein Brunnen rein, so wird aus seinem kühlen Quell geschöpft. *Das Bild:* Aus einem kühlen Quell zu schöpfen heißt, aufrichtig und ausgewogen zu sein.

Kommentar: Du hast einen hohen Stand in deiner inneren Entwicklung erreicht und besitzt die Klarheit, an verantwortungsvoller Stelle zu wirken. Da jedoch kein ausdrücklich glückverheißendes Omen beigefügt ist, könnte es sein, daß es noch an praktischer Umsetzung mangelt.

6 *Yin.* Decke den Brunnen nicht ab, während aus ihm geschöpft wird. Wahrhaftigkeit ist sehr glückverheißend. *Das Bild:* Erhabenes Glück auf dem obersten Platz, das ist große Vollendung.

Kommentar: Da das Wasser im Brunnen nach oben steigt, rückt es mit jeder Linie mehr in den Bereich des Erreichbaren. Hier behindert nun nichts mehr den Zugang zu den lebensspendenden Wassern. Ein Brunnen, der mit einer Quelle (»Wahrhaftigkeit«) verbunden ist, kann nicht erschöpft werden. Je mehr aus ihm getrunken wird, desto mehr fließt nach.

49. Die Umwälzung / Die Mauserung
GO

DIE UMWÄLZUNG erweist sich als wahrheitsgemäß an dem Tage, da sie beendet ist. Erhabener Erfolg, wenn du aufrichtig und wahrhaftig bist; dann schwindet die Reue.

Das Urteil

DIE UMWÄLZUNG wird symbolisiert durch Wasser und Feuer, die einander auslöschen und zum Verdunsten bringen. Sie erweist sich als wahrheitsgemäß an dem Tage, da sie beendet ist; wenn die Umwälzung geschehen ist, glaubt man an sie. Dient die Umwälzung der Entwicklung der Kultur und ist sie wohltuend, so ist sie erfolgreich, denn sie ist recht und angemessen; dann schwindet die Reue. Indem sich Himmel und Erde umwälzen, verwirklichen sich die vier Jahreszeiten. Wenn die alten Herrscher die soziale Ordnung umwälzten, so folgten sie der Ordnung der Natur und entsprachen (den Bedürfnissen) der Menschheit. Der richtige Zeitpunkt bei der Umwälzung ist äußerst wichtig!

Das Bild

Das Feuer ist im See: das Bild der UMWÄLZUNG.

Edle Menschen legen die Jahreszeiten genau fest, indem sie Kalender aufstellen.

Die Wandlungslinien

1 *Yang.* Verwende das Fell eines gelben Ochsen, um dich zu festigen. *Das Bild:* Verwende das Fell eines gelben Ochsen, um dich zu festigen, das heißt, solange es unangebracht ist, auf irgend etwas einzuwirken.
Kommentar: Die Zeit für eine aktive Veränderung ist noch nicht reif, aber es drängt dich zu handeln. Gelb ist die Farbe der Mäßigung; Ochsenleder steht für große Zerreißfestigkeit. Zügle mit aller Macht deine Ungeduld, und rede nicht über deine Absichten. Erst wenn sich das Alte ganz erschöpft hat, kannst du sinnvoll Neues wirken.

2 *Yin.* Am Tag, da es getan wird, wirst du etwas umgewälzt haben; fördernd ist es, fortzufahren; es wird keine Schwierigkeiten geben. *Das Bild:* Am Tag, da sie getan wird, ist die Ausführung der Umwälzung lobenswert.
Kommentar: Die Notwendigkeit der Umwälzung steht nun außer Frage, und der Zeitpunkt ist reif, um alles dafür vorzubereiten. Werde dir klar über die Werte und Ziele, die du anstrebst, und leite alle praktischen Vorkehrungen ein. Auf allen Ebenen hast du die notwendige Unterstützung.

3 *Yang.* Wenn eine Unternehmung Unheil verheißt, so ist es gefährlich, darin fortzufahren. Wenn dreimal erfolgreich über die Umwälzung gesprochen wurde, dann kann man ihr vertrauen. *Das Bild:* Wenn dreimal erfolgreich über die Umwälzung gesprochen wurde, wohin soll man sich dann wenden?

Kommentar: Du bist in der Gefahr, eine Umwälzung entweder voreilig und unüberlegt durchführen zu wollen oder über Gebühr am Bestehenden festzuhalten und dann eine plötzliche Veränderung zu erwarten. Öffne dich für den Einfluß durch deine Umgebung. Handle erst, wenn die Notwendigkeit der Umwälzung unbestritten ist, aber dann solltest du auch nicht mehr zögern.

4 *Yang.* Wenn die Reue schwindet und die Lage vertrauenswürdig ist, so ist es günstig, eine Revolution zu machen. *Das Bild:* Es spricht für eine Revolution, daß man an ihren Sinn glaubt.

Kommentar: Es handelt sich nicht nur um eine Reform, sondern um eine grundlegende Umwälzung der Verhältnisse. Bist du vom Sinn einer solchen Umwälzung überzeugt, so vermagst du dies auch denen zu vermitteln, die das Werk unterstützen sollen. Die Vorzeichen sind günstig.

5 *Yang.* Große Menschen wandeln (»mausern«) sich wie Tiger. Sie besitzen Gewißheit, ohne

sie begründen zu müssen. *Das Bild:* Daß große Menschen sich wie Tiger wandeln, bedeutet, daß ihre Richtlinien klar und für alle offenkundig sind.

Kommentar: Das Fell des Tigers ist klar und deutlich gemustert: schwarze Streifen auf gelbem Grund. Ebenso klar sind für alle, die das Werk der Umwälzung unterstützen, deine inneren und äußeren Richtlinien. Deine Urteilskraft ist klar, und du erfüllst alle Voraussetzungen, rasch zu entscheiden und die Umwälzung auch einem guten Ende zuzuführen.

6 *Yin.* Edle Menschen wandeln (»mausern«) sich wie Leoparden; geringe Menschen wandeln ihre äußere Erscheinung. Ist es ungünstig, etwas zu unternehmen, so ist es günstig, sich beharrlich (mit dem Erreichten) zu begnügen. *Das Bild:* Daß sich edle Menschen wandeln wie Leoparden, bedeutet, daß ihre Linienmuster verzweigt sind. Daß geringe Menschen ihre äußere Erscheinung wandeln, bedeutet, daß sie sich denen anpassen, denen sie folgen.

Kommentar: Die Umwälzung ist im wesentlichen erreicht. Nur kleinere Korrekturen (in dem »verzweigten Linienmuster«) könnten noch erforderlich sein. Doch hüte dich vor jedem Perfektionismus, sonst könntest du das Wesentliche darüber verlieren.

50. Der Tiegel
DING

DER TIEGEL symbolisiert erhabenes Glück und Gelingen.

Das Urteil

DER TIEGEL bedeutet, daß es gelingt, etwas unter Verwendung von Holz, Wind und Feuer vollständig durch Kochen zu läutern. Die Verständigen bereiten Speisen zu, um der Gottheit Opfer darzubringen, und ihr erhabenes Opfer wird vollzogen, indem sie die Weisen ernähren. Eindringend, Auge und Ohr von äußerster Klarheit, aufsteigend im stetigen Fortschreiten, ausgewogen sein im Handeln und mit den Starken zusammenarbeiten: Das allein ist der WEG zu erhabenem Gelingen.

Das Bild

Feuer über Holz: das Bild des TIEGELS. Edle Menschen festigen ihr Leben in der rechten Stellung.

Die Wandlungslinien

1 *Yin.* Ist der Boden des Tiegels umgedreht, so läßt sich Verdorbenes leichter entfernen. *Das Bild:* Wenn der Boden eines Tiegels umgedreht ist, so ist das nicht unbedingt schlecht; es

kann leichter Verdorbenes entfernt werden zugunsten von etwas Wertvollerem.

Kommentar: Du hast die Möglichkeit, deinem Wirken eine neue Qualität zu verleihen. Doch bevor du beginnst, ist es ratsam, dich von den letzten Resten des Überkommenen zu befreien. Kehre das Unterste zuoberst, und reinige gründlich das Gefäß, in dem du etwas Neues »kochen« willst. Es spielt keine Rolle, ob du erfahren darin bist; was zählt, ist allein dein guter Wille.

2 *Yang.* Ist Nahrhaftes im Tiegel und deine Gegner haben Neid, so hast du Glück, wenn ihr Neid dir nichts anhaben kann. *Das Bild:* Das Vorhandensein von Nahrhaftem im Tiegel bedeutet, daß man vorsichtig sein muß, wohin man geht. Hat dein Gegner Neid, so werdet ihr nie eine enge Beziehung haben.

Kommentar: Du besitzt die notwendige Substanz für den Transformationsprozeß, um den es in diesem Hexagramm geht. Du besitzt sozusagen die materiellen Voraussetzungen dafür, das Irdisch-Konkrete. Indem du dies zusammenträgst, weißt du um deinen höheren Auftrag und konzentrierst deine Bemühungen vollkommen darauf. Damit wirst du den Neid anderer erregen. Sei ihnen gegenüber vorsichtig, und gehe ganz deinen eigenen Weg, auch wenn es zuweilen ein einsamer Weg sein wird.

3 *Yang.* Sind die Griffe des Tiegels verändert, so ist er in seiner Funktion behindert; das Fett des Fasans wird nicht gegessen. Sobald Regen fällt, wird die Reue abnehmen, und am Ende findet man Glück. *Das Bild:* Daß die Griffe des Tiegels verändert sind, bedeutet, daß man seine Aufgaben nicht erfüllen kann.

Kommentar: Du bist in einer Situation der Isolation. Deine Gaben werden nicht erkannt und nicht genutzt. Und doch befindest du dich im Zentrum des Geschehens. Daher wird sich die Spannung mit der Zeit lösen und das, was du unerkannt an Wertvollem in deinem Inneren gesammelt und transformiert hast, wird für alle zum Segen.

4 *Yang.* Brechen die Beine des Tiegels zusammen und wird das fürstliche Mahl verschüttet, so folgt eine strenge Bestrafung; Unheil. *Das Bild:* Das fürstliche Mahl zu verschütten bedeutet, daß die Vertrauenswürdigkeit fragwürdig ist.

Kommentar: Es wäre deine Aufgabe, etwas Kostbares, das dem allgemeinen Wohl dient, sorgsam zu verwalten. Statt dessen vergeudest du es achtlos und befleckst damit dich selbst. Damit gefährdest du den Prozeß der Transformation in seinen Grundlagen.

5 *Yin.* Hat ein Tiegel goldene Griffe und einen Henkel aus Jade, so nützt er denen, die aufrich-

tig und wahrhaftig sind. *Das Bild:* Goldene Griffe an einem Tiegel deuten darauf hin, daß man die Ausgewogenheit der Mitte zur Erfüllung verwendet.

Kommentar: Deine ausgewogene Haltung (»Gold«) und deine Empfänglichkeit (»Jade«) für die geistige Lehre, die dir zuteil wird, sind die beste Voraussetzung dafür, daß du den Prozeß der Transformation seiner Vollendung näherbringst. Alle dafür notwendigen Ressourcen stehen dir zur Verfügung.

6 *Yang.* Ein Henkel aus Jade an einem Tiegel ist sehr glückverheißend und für alle von Segen. *Das Bild:* Der Henkel aus Jade ist oben, das deutet auf eine Verbindung von Festigkeit und Biegsamkeit.

Kommentar: Hier ist der Prozeß der Transformation abgeschlossen. Die Weisheit, die diese Linie repräsentiert, wird von Menschen, die in gesellschaftlicher Verantwortung stehen, aufgenommen und wirkt daher segensreich für alle. Ihre Wirkung ist von Dauer.

51. Der Donner
DSCHEN

DER DONNER bedeutet erfolgreiches Durchstehen: Kommt der Donner, so gibt es (zuerst) Aufregung, dann die Heiterkeit fröhlicher Worte. Der Donner erschreckt hundert Meilen weit, doch verlierst du darüber nicht deine hingebungsvolle Andacht.

Das Urteil

DER DONNER bedeutet erfolgreiches Durchstehen: Kommt der Donner, so gibt es Aufregung, das heißt, die Furcht bringt Glück; dann die Heiterkeit fröhlicher Worte, das heißt, danach hat man ein Vorbild. Der Donner erschreckt hundert Meilen weit; er erschreckt, die in der Ferne sind, und lehrt das Fürchten, die nahebei sind. Durch hingebungsvolle Andacht vermag man das Erbe und das Land zu schützen; so handelt man in der Rolle eines Priesterkönigs.

Das Bild

Wiederholter DONNER verursacht Aufregung. Edle Menschen üben sich unter Furcht und Zittern in der Selbstprüfung.

Die Wandlungslinien

1 *Yang.* Wenn der Donner kommt, ist man in Aufregung und Furcht; hört man hernach den Klang heiterer Worte, so ist das glückverheißend. *Das Bild:* Die Furcht beim Kommen des Donners kann glückbringend sein. Die heiteren Worte bedeuten, daß es danach ein Vorbild gibt.

Kommentar: Eine heftige Erschütterung, ein Ereignis, das dich vor Furcht erzittern läßt, tritt ein. Diese Erschütterung ist notwendig und gut, und du hast alle Voraussetzungen, um rasch hindurchzukommen. Dann kannst du lachen und erkennen, was dich diese Erfahrung lehren wollte.

2 *Yin.* Der Donner kommt mit Gefahr. Du denkst an den Verlust eines Schatzes und steigst auf neun Hügel, doch solltest du ihm nicht nachjagen, denn nach sieben Tagen erhältst du ihn wieder. *Das Bild:* Die Gefahr des hereinbrechenden Donners trifft die Starrsinnigen.

Kommentar: Durch die Erschütterung erleidest du einen Verlust. Das ist im Einklang mit den Zeitumständen, und Gefahr droht nur, wenn du versuchst, das Verlorene wiederzuerlangen. Statt dessen solltest du dich innerlich sammeln (»auf neun Hügel steigen«). In angemessener Zeit (nachdem alles geschehen ist, was in den sechs Entwicklungsstufen dieses Hexagramms beschrieben ist, d. h. nach 6 + 1 Tagen) wird dein Verlust wieder ausgeglichen werden.

3 *Yin.* Der Donner ist schwach; bewege dich und handle, dann gibt es keinen Makel. *Das Bild:* Daß der Donner schwach ist, heißt, daß man sich in einer Stellung befindet, die nicht recht ist.

Kommentar: Der »schwache Donner« bezieht sich hier auf die eigene Erregung, die zu schwach ist angesichts der Erschütterung, die dich von außen trifft. Lasse dich nicht lähmen, sondern geh mit der Bewegung und handle, so wirst du das vermeintlich widrige Schicksal leicht überwinden.

4 *Yang.* Der Donner fällt in den Schlamm. *Das Bild:* Der Donner, der in den Schlamm fällt, deutet darauf hin, daß man keine Größe erlangt hat.

Kommentar: Die Erregung, die von außen kommt, kann hier nichts bewirken. Sie bleibt stecken wie in einem Schlamm. Du läßt dir die Sinne vernebeln, indem du dich schlechten Einflüssen in deiner unmittelbaren Umgebung hingibst. So kommt es zu keiner Anregung.

5 *Yin.* Der Donner kommt und geht, das ist gefährlich. Bedenke, es gibt keinen Verlust; es gibt etwas zu tun. *Das Bild:* Die Gefahr, die

davon herrührt, daß der Donner kommt und geht, deutet darauf hin, daß man unter Gefahr handelt. Da gilt es ausgewogen in der Mitte zu bleiben; dann entsteht wahrlich kein Verlust.

Kommentar: Die Erschütterung kommt immer wieder und läßt dich kaum aufatmen. Da entsteht leicht die Gefahr, hin und her geworfen zu werden. Erkennst du aber die größeren Wirkungszusammenhänge, so kannst du dich gelassen im Zentrum des Sturms halten.

6 *Yin.* Der Donner ebbt ab; das Auge blickt ängstlich umher; eine Unternehmung verheißt Unheil. Erreicht der Donner nicht die eigene Person, sondern die Nachbarn, so ist dies kein Makel. Geht man eine Verbindung ein, so gibt es Gerede. *Das Bild:* Der Donner ebbt ab; das deutet darauf hin, daß keine Ausgewogenheit erreicht wurde. Trotz des unheilverheißenden Omens ist kein Makel, da man angesichts der Lektion der Nachbarn Ehrfurcht empfindet.

Kommentar: An der Spitze des Hexagramms drohen die Ausläufer der Erschütterung dich noch zu erfassen. Dieser Lage bist du allein ausgesetzt, und du weißt nicht, was die Zukunft bringt. Das Beste in dieser Lage ist, dich nicht auf Unternehmungen einzulassen und keine Verbindungen einzugehen, auch wenn andere dies angesichts ihrer eigenen Aufregung nicht gutheißen.

52. Berge
GEN

BERGE stehen Rücken an Rücken. Erkennst du dich selbst nicht wieder und siehst die Menschen nicht, wenn du über den Hof gehst, so ist dies kein Makel.

Das Urteil

BERGE bedeuten Anhalten. Wenn die Zeit des Stilleseins kommt, halte an; wenn es die Zeit der Bewegung ist, dann schreite voran. Wenn Bewegung und Ruhe ihre rechte Zeit nicht verfehlen, so ist der Pfad erhellt. Berge bedeuten Stillhalten im Sinne von Anhalten oder am rechten Ort verweilen. Wenn die Oberen und die Unteren einander entgegengesetzt sind, so haben sie nichts miteinander zu tun. Daher ist es kein Makel, wenn du dich selbst nicht wiedererkennst und die Menschen nicht siehst, wenn du über den Hof gehst.

Das Bild

Da die BERGE an ihren Platz gebunden sind, gehen edle Menschen ihren Gedanken nach, ohne ihre Stellung zu überschreiten.

Die Wandlungslinien

1 *Yin.* Halte die Füße an, so gibt es keinen Makel. Fördernd ist es, dauernd beharrlich und wahrhaftig zu sein. *Das Bild:* Die Füße anhalten bedeutet stehenbleiben, bevor du einen falschen Schritt tust.
Kommentar: Die unterste Linie besitzt noch eine gewisse Unschuld des Herzens, das heißt, du vermagst die Dinge noch unverstellt durch eigene Interessen zu sehen. Diese Qualität solltest du dir bewahren durch beharrliches Üben im Stillehalten.

2 *Yin.* Wenn das Anhalten der Waden sie nicht vom Nachfolgen abzuhalten vermag, so ist das Herz traurig. *Das Bild:* Daß man sie vom Nachfolgen nicht abhalten kann, heißt, daß man sich nicht gehorsam zurückgezogen hat.
Kommentar: Obwohl die Zeitumstände es gebieten würden, stillezuhalten, wirst du von der Bewegung einer Person, der du dich verpflichtet fühlst, mitgerissen. Selbst deine Einsicht, daß es besser wäre, stehenzubleiben, ist nicht stark genug, um dich und den anderen am Vorwärtsdrängen zu hindern. Das verheißt nichts Gutes.

3 *Yang.* Anhalten an der Nahtstelle unterbricht das Fließen: Gefahr beeinträchtigt das Herz. *Das Bild:* Da du an der Nahtstelle anhältst, beeinträchtigt die Gefahr das Herz.

Kommentar: An der »Nahtstelle« verläuft die Trennung zwischen Oberkörper und Unterleib. Wenn du die Bedürfnisse des Unterleibs gewaltsam zur Ruhe zu bringen versuchst, zum Beispiel durch erzwungene Meditation, so entsteht dadurch eine gefährliche Energieblockade für das Herz. Versuche nichts zu erzwingen.

4 *Yin.* Halte den Körper still, das ist kein Makel. *Das Bild:* Den Körper stillhalten bedeutet, den Dingen, die in deiner eigenen Person liegen, Einhalt zu gebieten.

Kommentar: Es ist gut, wenn du dich weiter in der Meditation übst, in der du bereits gewisse Fortschritte erzielt hast. Die vierte Linie ist die Herzlinie. Vom Herzen gehen Wünsche und Begehren aus, denen es Einhalt zu gebieten gilt.

5 *Yin.* Halte die Kiefer still, bringe Ordnung in deine Rede, dann schwindet die Reue. *Das Bild:* Gib deinen Kiefern Beständigkeit durch Ausgewogenheit und Fortfahren im Rechten.

Kommentar: Hier handelt es sich darum, sich in der Beherrschung der mentalen Prozesse und des unkontrollierten Redens zu üben. So kannst du zu Erfahrungen gelangen und Einflüsse in dich aufnehmen, die jenseits der Worte liegen.

6 *Yang.* Anhalten mit Bedacht ist glückverhei-

ßend. *Das Bild:* Das Glück des Anhaltens mit Bedacht rührt daher, daß man mit Achtsamkeit und Sorgfalt (den Weg) bis zu Ende gegangen ist.

Kommentar: Hier ist ein Zustand von Ruhe in höchster Bewußtheit erlangt. Die Ruhe wird nicht mehr als Ziel angestrebt, sondern sie *ist* einfach. Dieser Zustand ist das Ergebnis eines langen Übungsweges.

53. Allmählicher Fortschritt
DSIËN

ALLMÄHLICHER FORTSCHRITT ist glückverheißend für die Verheiratung einer Frau; es ist fördernd, tugendhaft zu sein.

Das Urteil
ALLMÄHLICHER FORTSCHRITT ist glückverheißend für die Verheiratung einer Frau. Wenn das richtige Stadium erreicht wird, ist der Fortgang der Dinge erfolgreich. Durch Fortschreiten in der rechten Weise gelingt es, das Land in Ordnung zu bringen. Das richtige Stadium ist erreicht, wenn das Starke ausgewogen ist. Ruhe und Harmonie, so kommt die Bewegung nicht ins Stocken.

Das Bild
Es sind Bäume auf einem Berg; ihr Wachstum ist langsam. Edle Menschen verbessern die Sitten, indem sie in Weisheit und Tugend leben.

Die Wandlungslinien
1 *Yin*. Wenn die Wildgänse zum Ufer ziehen und die Kleinen sich abmühen, so gibt es Ratschläge, kein Makel. *Das Bild:* Es ist richtig, daß die Mühe der Kleinen nicht zu tadeln ist.

Kommentar: Das Hexagramm handelt von einem langsamen, dafür aber um so mehr auf Dauerhaftigkeit angelegten Entwicklungsweg. Vorbild sind die Wildgänse in ihrem allmählichen Aufstieg vom Wasser bis hinauf in Wolkenhöhen. Hier, in der ersten Linie, sind die Dinge noch ganz in ihren Anfängen. Man ist noch ungeübt und allein, gibt sich aber redliche Mühe. Man erntet Kritik und Ratschläge. Das liegt in der Natur der Dinge.

2 *Yin.* Ziehen die Wildgänse allmählich einem Felsen zu, wobei sie fröhlich essen und trinken, so ist dies glückverheißend. *Das Bild:* Fröhlich essen und trinken heißt, daß man sich nicht einfach nur selbst satt macht.

Kommentar: Die Unsicherheiten des Anfangs sind überwunden, du hast einen festen Platz im Leben gefunden. Das gibt Anlaß, dich zu freuen und deinen materiellen und geistigen Reichtum mit anderen zu teilen. Indem du dich und andere auf diese Weise nährst, bereitest du den Weg für dein künftiges Wirken an größeren Zielen.

3 *Yang.* Ziehen die Wildgänse allmählich der Hochebene zu, so droht Unheil, wenn der Ehemann zu einer Unternehmung aufbricht und nicht zurückkehrt und die Frau ein Kind empfängt, es aber nicht gebiert. Fördernd ist es, Feindseligkeit besonnen abzuwehren. *Das*

Bild: Der Ehemann, der zu einer Unternehmung aufbricht und nicht zurückkehrt, versinnbildlicht die Schande, die darin besteht, die Gruppe zu verlassen. Die Frau, die ein Kind empfängt, es aber nicht gebiert, versinnbildlicht die Abkehr vom rechten Weg. Daß es fördernd ist, Feindseligkeit besonnen abzuwehren, bedeutet, gut miteinander auszukommen und sich gegenseitig Sicherheit zu geben.

Kommentar: Deine Aufgabe in der gegenwärtigen Situation wäre es, die Menschen, denen du zugehörst, zu schützen und zu versuchen, dich mit ihnen zu vertragen. Es besteht aber die große Gefahr, daß du dich von ihnen mit Entschiedenheit abwendest, um andere Kontakte zu knüpfen oder ehrgeizig eigene Wege zu gehen. Das bringt dir und den Deinen Unheil.

4 *Yin.* Ziehen die Wildgänse allmählich auf einen Baum und finden dort einen flachen Ast, auf dem sie rasten können, so gibt es keinen Makel.

Das Bild: Einen flachen Ast zu finden, auf dem sie rasten können, bedeutet, daß sie ihren Platz finden, indem sie sich anpassen.

Kommentar: An sich bietet dir deine Situation keine Ruhe und Sicherheit; es kann sein, daß du von mehreren Seiten bedrängt wirst. Doch helfen dir dein klares Urteilsvermögen und deine Anpassungsfähigkeit, vorübergehend einen Platz zu finden, an dem du Kräfte für deine weitere Entwicklung sammeln kannst.

5 *Yang.* Indem die Wildgänse allmählich auf einen Hügel ziehen, empfängt eine Frau drei Jahre lang kein Kind; schließlich kann niemand sie besiegen. Das ist glückverheißend. *Das Bild:* Unbesiegbar bis zum Schluß zu sein ist deshalb glückverheißend, weil es bedeutet, daß man erreicht, was man sich wünscht.

Kommentar: Du hast einen ehrenvollen Platz erreicht, der dir größere Einflußmöglichkeiten bietet. Doch wirst du für längere Zeit in deinen wahren Absichten verkannt und mußt deinen Weg allein gehen. Schließlich kommt aber die Zeit, da du mit den Menschen, die dich ergänzen, wieder zusammenfindest.

6 *Yang.* Ziehen die Wildgänse allmählich den Wolkenhöhen zu, so können ihre Federn für heilige Rituale verwendet werden; das ist glückverheißend. *Das Bild:* Es ist glückverheißend, wenn die Federn für heilige Rituale verwendet werden können; das bedeutet, man läßt sich nicht in Verwirrung bringen.

Kommentar: Im gegenwärtigen Zyklus deiner Entwicklung hast du die höchste Stufe erreicht. Du wirkst durch deine bloße Erscheinung, so daß andere sich gern ein Beispiel an dir nehmen. Dein innerer Abstand zu den Dingen hält dich frei von Verwicklungen.

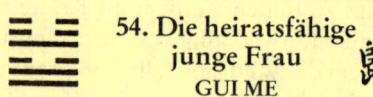

54. Die heiratsfähige junge Frau
GUI ME
歸妹

Für eine HEIRATSFÄHIGE JUNGE FRAU verheißt es Unheil, etwas zu unternehmen; daraus entsteht kein Gewinn.

Das Urteil

Die Heirat ist eine bedeutende Angelegenheit für Himmel und Erde. Wenn Himmel und Erde sich nicht vereinigen, gedeiht nichts. Die Heirat ist für die Menschen Ende und Anfang. Wenn das Mädchen, das verheiratet wird, sich von der Anziehung leiten läßt, so ist es ein unreifes Mädchen. Eine Unternehmung verheißt Unheil, da sie nicht am Platz ist; es entsteht kein Gewinn, da das Schwache das Starke reitet.

Das Bild

Donner über einem See: das Bild einer HEIRATS-FÄHIGEN JUNGEN FRAU. Edle Menschen verstehen, was falsch ist, indem sie bedenken, was dauerhaft ist in seiner Wirkung.

Die Wandlungslinien

1 *Yang.* Wenn eine heiratsfähige junge Frau Nebenfrau wird, kann der Lahme gehen, und es ist fördernd, fortzufahren. *Das Bild:* Wenn

eine heiratsfähige junge Frau Nebenfrau wird, bedeutet dies, daß sie beharrlich ist; das Glück, das darin liegt, daß der Lahme gehen kann, verweist auf gegenseitige Unterstützung.

Kommentar: Deine Stellung innerhalb der gegenwärtigen Situation läßt es nicht zu, daß du nach außen hin groß in Erscheinung trittst. Doch ist deine Zusammenarbeit mit einer Person, die sich in leitender Stellung befindet, von vitalem Interesse für alle Beteiligten.

2 *Yang.* Wenn man nur unklar sehen kann, so ist es förderlich, so beharrlich und wahrhaftig wie ein Einsiedler zu sein. *Das Bild:* Es ist fördernd, beharrlich und wahrhaftig wie ein Einsiedler zu sein, das heißt, unablässig Ausdauer zu pflegen.

Kommentar: Die Zusammenarbeit oder die Verbindung mit einem Menschen in leitender Stellung ist gestört, weshalb du dich korrekterweise zurückziehst. Halte unverändert und konsequent an deinen Grundsätzen fest, auch wenn das bedeutet, daß du allein bleibst.

3 *Yin.* Wenn eine heiratsfähige junge Frau mit Erwartungen die Ehe eingeht, so heiratet sie statt dessen als Nebenfrau. *Das Bild:* Die Tatsache, daß eine heiratsfähige junge Frau mit Erwartungen die Ehe eingeht, heißt, daß ihre Stellung noch nicht recht ist.

Kommentar: Der Drang, deinen Leidenschaften nachzugeben, ist so stark, daß du Kompromisse eingehst, die deine Selbstachtung aufs Spiel setzen.

4 *Yang.* Wenn eine heiratsfähige junge Frau den Termin verschiebt, so verschiebt sie die Hochzeit, bis der rechte Zeitpunkt gekommen ist. *Das Bild:* Der Sinn des Terminverschiebens liegt darin, daß man nur unter bestimmten Bedingungen handelt.

Kommentar: Du hast einen klaren Blick für das Unmögliche der Situation beziehungsweise für die Gefahren, die sie birgt. Daher gehst du zur Zeit keine Verbindung ein. Statt dessen handelst du erst, wenn die Bedingungen deinen Grundsätzen entsprechen.

5 *Yin.* Wenn der Kaiser seine jüngere Schwester in die Ehe gibt, so ist das Gewand der Prinzessin nicht so gut wie die Gewänder der Brautjungfern. Der Mond ist fast voll, die Aussichten sind gut. *Das Bild:* Das Gewand der Prinzessin ist nicht so gut wie die Gewänder der Brautjungfern, das bedeutet, die Ausgewogenheit zu wahren und vornehm zu handeln.

Kommentar: Die Situation verlangt von dir, dich mit Menschen zu verbinden, die du normalerweise als »unter deinem Rang« einstufen würdest. Wenn es dir gelingt, diesen Schritt zu tun, ohne herablassend zu sein und ohne äußere Pracht zu entfalten, so bringt dies Glück.

---

6 *Yin.* Erhält die Frau eine Truhe ohne Inhalt und opfert der Mann eine Ziege, aus der kein Blut rinnt, so gewinnt man nichts. *Das Bild:* Die Schwäche oben deutet auf Kraftlosigkeit; es ist, als würde man in den Besitz einer leeren Truhe gelangen.

Kommentar: Es handelt sich um eine Beziehung, in der nur noch der Form Genüge getan wird. Sie ist inhaltsleer geworden. Wie soll daraus noch etwas gedeihen?

55. Die Fülle
FONG

FÜLLE ist Gelingen; Könige vermehren sie. Sorge dich nicht; es ist gut, wenn die Sonne im Zenit steht.

Das Urteil

FÜLLE bedeutet Größe. Wird Erkenntnis in Handeln umgesetzt, so entsteht daraus Fülle. Daß Könige sie vermehren, bedeutet, daß die Größe wertgeschätzt wird. Sorge dich nicht, denn es ist gut, wenn die Sonne im Zenit steht: Das heißt, es ist gut, die ganze Welt zu erhellen. Hat die Sonne ihren höchsten Stand erreicht, so beginnt ihr Niedergang; ist der Mond voll geworden, beginnt er abzunehmen. Selbst Himmel und Erde füllen sich an und leeren sich wieder; um wieviel mehr gilt dies für den Menschen sowie für die Geister und Götter!

Das Bild

Donner und Blitz treten auf: das Bild der FÜLLE. Edle Menschen fällen Urteile und vollstrecken sie.

Die Wandlungslinien

1 *Yang.* Man begegnet dem leitenden Partner (und verhält sich) sogar wie unter Gleichen, kein Makel. Fördernd ist es, fortzufahren. *Das*

Bild: Daß es kein Makel ist, sich sogar wie unter Gleichen zu verhalten, heißt, daß es unheilvoll wäre, das Prinzip der Gleichheit zu überschreiten.

Kommentar: Für die Verwirklichung deiner Ziele ist es wichtig, dich mit jemandem zusammenzutun, der dieselbe Richtung verfolgt. Auch wenn der andere höher ist in seiner Stellung, sollten sich beide als gleichwertig behandeln. Die Zusammenarbeit führt zu einer Zeit der Fülle. Wenn das Ziel erreicht ist, wäre ein weiteres Zusammenwirken von Unheil.

2 *Yin.* Ist die Fülle eine Fülle des Schattens, so siehst du bei Tag den Polarstern. Fortzufahren würde dir Mißtrauen und Verachtung eintragen. Es ist glückverheißend, deine Wahrhaftigkeit offen unter Beweis zu stellen. *Das Bild:* Deine Wahrhaftigkeit offen unter Beweis zu stellen heißt, deine Zielsetzungen offen darzulegen.

Kommentar: Durch eigene Zweifel oder durch gezielte Verleumdungen Dritter bist du von einer Sache oder Person getrennt, der dein Interesse gilt. Stehe offen für deine Zielsetzungen ein, dann ist es nur noch eine Frage der Zeit, bis sich die Hemmnisse zerstreuen.

3 *Yang.* Ist die Fülle ein Platzregen, so siehst du die Tröpfchen in der Sonne. Du brichst deinen rechten Arm, kein Makel. *Das Bild:* Ein hefti-

ger Platzregen bedeutet, daß man keine großen Werke tun kann. Den rechten Arm brechen heißt, daß man ihn nicht mehr gebrauchen kann.

Kommentar: Die Umstände sind so beschaffen, daß die Klarheit verwischt ist. Obwohl du die Energie und Fähigkeit hättest, Bedeutendes zu leisten, solltest du auf gar keinen Fall handeln. Tust du es doch, so tust du es mit Gewalt und mußt mit großen Verlusten rechnen.

4 *Yang.* Ist die Fülle eine Fülle des Schattens, so siehst du bei Tag den Polarstern. Es ist glückverheißend, den verborgenen Meister zu treffen. Ist die Fülle eine Fülle des Schattens, so ist die eigene Stellung nicht die rechte. *Das Bild:* Bei Tag den Polarstern sehen bezieht sich auf Dunkelheit und mangelnde Klarheit. Den verborgenen Meister treffen ist ein glückverheißendes Unternehmen.

Kommentar: Deine Energie bedarf der Ergänzung durch Klarheit, die du selbst nicht besitzt. Doch gibt es jemanden, der die Klarheit hat und der gleichgeartete Interessen verfolgt. Gemeinsam mit ihm kannst du erfolgreich handeln.

5 *Yin.* Werden vorzügliche Leistungen zustande gebracht, die zu Lobgesang und Festen Anlaß geben, so ist dies glückverheißend. *Das Bild:*

Die Schwachen in dieser Stellung haben Glück,
daß sie etwas zu feiern haben.

Kommentar: Ohne notwendigerweise selbst
Fülle zu besitzen, bist du in der Lage, Unterstützung und weisen Rat aus deiner Umgebung anzunehmen und in Segen für alle umzuwandeln.

6 *Yin.* Du machst deine Räume riesengroß und
umzäunst dein Haus; ein spähender Blick
durch die Tür erweist, daß es still ist, niemand
ist da, und drei Jahre wird niemand gesehen.

Das Bild: Riesengroße Räume heißt, daß man
in seinem Stolz bis an die Grenzen des Himmels strebt. Ein spähender Blick durch die Tür
erweist, daß es still ist; und niemand ist da, das
heißt, daß man ganz für sich allein bleibt.

Kommentar: Die Fülle und Pracht hat hier
ihren Höhepunkt erreicht. Statt sie mit anderen zu teilen, hortest du sie für dich und er-
hebst dich stolz über andere. Diese Haltung
isoliert dich von deiner Umgebung, und das ist
unheilvoll.

56. Das Reisen
LÜ

DAS REISEN bringt im Kleinen Gelingen; beim Reisen ist es fördernd, beharrlich zu sein.

Das Urteil

DAS REISEN bringt im Kleinen Gelingen. Die Biegsamkeit außen ist ausgewogen und harmoniert mit Festigkeit; die Ruhe bewahren und am Verstehen haften. Daher bringt das Reisen im Kleinen Gelingen, und daher ist es fördernd, beharrlich zu sein. Der Sinn der Zeit des REISENS ist von großer Bedeutung.

Das Bild

Das Feuer auf dem Gipfel eines Berges: das Bild des REISENS. Edle Menschen sind vorsichtig und verständnisvoll beim Verhängen von Strafen; sie halten die Menschen nicht in Gefängnissen fest.

Die Wandlungslinien

1 *Yin.* Das Reisen; das Schwierige daran ist die Erschöpfung, die es mit sich bringt. *Das Bild:* Erschöpfung beim Reisen heißt Gehemmtsein.

Kommentar: Es mangelt dir an Weitblick, und

du hältst dich mit kleinlichen, erniedrigenden Dingen auf. Auf der Reise bist du dir selbst der wichtigste Begleiter. Daher solltest du dich anderen nicht anbiedern, sondern deine Selbstachtung wahren.

2 *Yin.* Kommst du auf der Reise zu einer Herberge, so behalte dein Geld bei dir; so wirst du treue Diener gewinnen. *Das Bild:* Treue Diener gewinnen bedeutet, daß man schließlich keine Reue empfinden wird.

Kommentar: Auf deiner Reise hast du einen sicheren Rastplatz erreicht, wo es gilt, neue Kräfte für den Fortgang deiner Unternehmung zu sammeln. Du bist ganz in deiner Mitte und aufgeschlossen für neue Impulse. Auf diese Weise ziehst du, ohne dich zu verausgaben, die Unterstützung anderer an. Du darfst sie zu Recht annehmen.

3 *Yang.* Verbrennst du auf der Reise deine Herberge und verlierst deine Diener, so bist du in Gefahr, auch wenn du beharrlich bist. *Das Bild:* Verbrennst du auf der Reise deine Herberge, wirst du dadurch selbst verletzt. Reist du dabei mit Untergebenen, so geschieht dir recht, wenn du sie verlierst.

Kommentar: Wer auf Reisen ist, sollte sich nicht anlegen mit denen, auf deren Gastfreundschaft er angewiesen ist. Deine arrogante Haltung, übertriebene Selbstsicherheit und die

Neigung, dich in fremder Leute Dinge einzumischen, gereicht dir am Ende selbst zum Schaden. Auch mit materiellen Dingen solltest du achtsamer umgehen.

4 *Yang.* Irgendwo auf deiner Reise anhaltend, erhältst du wohl Mittel und Werkzeug, doch dein Herz ist nicht froh. *Das Bild:* Auf einer Reise irgendwo anzuhalten heißt, daß man noch keine (sichere) Stellung erlangt hat; selbst wenn man Mittel und Werkzeug erhält, ist das Herz noch nicht froh.

Kommentar: Auf der Reise zu deinem Ziel bist du an einem Punkt angelangt, an dem alle notwendigen Energien und Fähigkeiten vorhanden sind, um ein Projekt auszuführen. Nur fehlt es dir noch an der richtigen Stellung. Wiege dich also nicht in falscher Sicherheit, sondern sei dir bewußt, daß die Reise noch weitergeht.

5 *Yin.* Beim Schießen eines Fasans, verlierst du einen Pfeil. Am Ende wird dir Ehre zuteil. *Das Bild:* Am Ende geehrt zu werden bedeutet, höhere Ziele zu erreichen.

Kommentar: Du bist in einer wichtigen Angelegenheit unterwegs und verstehst es, die Gepflogenheiten deines Gastlandes zu achten. Du »triffst« sie »auf den Punkt« und bist auch bereit, dafür ein Opfer zu bringen (einen »Pfeil zu verlieren«). Indem du dich auf diese Weise in einen fremden Wirkungskreis einführst, werden dir Unterstützung und Ehre zuteil.

6 *Yang.* Ein Vogel, der sein Nest verbrennt; erst lacht der Reisende, dann weint er. Einen Ochsen im Leichtsinn zu verlieren bedeutet Unheil. *Das Bild:* Wenn das Reisen seinen Gipfel erreicht hat, ist es richtig, das Nest zu verbrennen; das Unheil, einen Ochsen im Leichtsinn zu verlieren, liegt darin, daß man es gar nicht bemerkt.

Kommentar: Zum Reisen gehört es, daß man Besitz und Sicherheiten immer wieder verläßt, um weiterzuziehen. Das kann ein Gefühl von Leichtigkeit bewirken, das rasch in Leichtsinn umschlagen kann. Auf diese Weise verlierst du deine Basis. Die Situation des Reisenden erfordert jederzeit eine hohe Bewußtheit und Achtsamkeit gerade auch in kleinen Dingen.

57. Übereinstimmung
SUN

ÜBEREINSTIMMUNG: Die Kleinen haben Erfolg;
fördernd ist es, ein Ziel zu haben; fördernd ist es,
große Menschen zu sehen.

Das Urteil

Die doppelte ÜBEREINSTIMMUNG wird verwendet, um eine Wiederholung der Anweisungen
auszudrücken. Stärke ist in Übereinstimmung
mit Ausgewogenheit und Korrektheit, so daß
der Wille durch Handeln verwirklicht wird. Alle
Schwachen gehen mit den Starken zusammen;
das ist der Grund, warum die Kleinen Erfolg
haben, sie ziehen Gewinn daraus, daß sie ein Ziel
haben, und sie profitieren davon, daß sie große
Menschen sehen.

Das Bild

Nachfolgender Wind: das Bild der ÜBEREINSTIM-
MUNG. Edle Menschen wiederholen die Anwei-
sung, wenn sie etwas bewirken wollen.

Die Wandlungslinien

1 *Yin.* Geht man vor und zurück, so ist es hilfreich, so beharrlich zu sein wie ein Soldat. *Das
Bild:* Vor- und zurückgehen bedeutet, daß

man in seiner Zielsetzung schwankt. Es ist hilfreich, so beharrlich zu sein wie ein Soldat, heißt, daß man sein Ziel festgelegt hat.

Kommentar: Du wirst von Unentschlossenheit und Zweifeln hin und her gerissen. Auf diese Weise bringst du nichts zustande. Setze dir ein Ziel und bleibe dabei. Das schließt gelegentliches Zurückweichen nicht aus, wenn es deine Zielsetzung erfordert.

2 *Yang.* Ist die Übereinstimmung noch unterentwickelt, so ist es fördernd, eine große Zahl von Vermittlern einzusetzen, dann gibt es keinen Makel. *Das Bild:* Fördernd ist eine große Zahl, das heißt, vorausgesetzt du erreichst die ausgewogene Mitte.

Kommentar: Die Lage, in der du dich befindest, wird durch zahlreiche verborgene Faktoren beeinflußt, die es aufzudecken gilt. Bediene dich dazu der fachkundigen Hilfe von Menschen, die sich in den unsichtbaren, schattigen Bereichen auskennen: Therapeuten und Therapeutinnen, Heiler und Heilerinnen oder Seelsorger und Seelsorgerinnen. So erlangst du deine eigene Mitte.

3 *Yang.* Wiederholte Übereinstimmung ist beschämend. *Das Bild:* Die Beschämung wiederholter Übereinstimmung rührt daher, daß man frustriert wird.

Kommentar: Du versuchst, den Gegenstand

deiner Frage ausschließlich durch Nachdenken und Grübeln zu ergründen, aber er läßt sich nicht allein auf rationalem Wege erschließen. Versuche, dich der Intuition zu öffnen, werde weicher, fließender, empfänglicher für andere Einflüsse, und begib dich in die konkrete Erfahrung.

4 *Yin.* Schwindet die Reue, so fängst du drei Arten von Wild auf einer Jagd. *Das Bild:* Drei Arten von Wild auf einer Jagd zu fangen bedeutet, daß etwas erfolgreich vollendet wird.

Kommentar: Es gelingt dir, drei Arten von schädlichen Einflüssen aufzuspüren, einzufangen und so umzuwandeln, daß sie für dich und alle an der Situation Beteiligten zur positiven »Nahrung« werden. Bescheidenheit, Lebenserfahrung und Tatkraft gehen eine glückliche Verbindung in dir ein.

5 *Yang.* Fördernd ist es, beharrlich und wahrhaftig zu sein; Reue schwindet; alles ist rundum fördernd. Es gibt keinen Anfang, aber ein Ende. Fördernd ist es, vor einem Wechsel sorgfältig und nach einem Wechsel wohlüberlegt zu sein. *Das Bild:* Für die Starken in dieser Stellung ist es fördernd, in der rechten Weise ausgewogen zu sein.

Kommentar: Es geht nicht darum, die Angelegenheit, auf die sich die Frage bezieht, noch einmal ganz neu zu beginnen, sondern nur darum, die eingeschlagene Richtung zu verändern, etwas an der Sache zu verbessern. Für diese Aufgabe besitzt du alle Voraussetzungen: die richtige Stellung, ein klares Urteilsvermögen und die Fähigkeit zur Einflußnahme. Durch sorgfältiges und überlegtes Vorgehen wirst du Erfolg haben.

6 *Yang.* Ist die Übereinstimmung noch unterentwickelt, so verlierst du deine Mittel und Werkzeuge; daher kommt Unheil trotz Beharrlichkeit. *Das Bild:* Ist die Übereinstimmung noch unterentwickelt, so ist man hilflos in einer führenden Stellung; der Verlust der Mittel und Werkzeuge ist wahrlich ein Unglück.

Kommentar: Du erkennst sehr genau die schädlichen Einflüsse, die sich auf den Gegenstand deiner Frage auswirken. Doch besitzt du noch nicht die Fähigkeit, dich ihnen wirksam entgegenzustellen. Es könnte sein, daß du dich in diesem Punkt überschätzt und versuchst, einseitig Einfluß zu nehmen, was unheilvolle Folgen hätte.

58. Die Freude
DUI

Damit die FREUDE gelingt, ist es fördernd, korrekt zu sein.

Das Urteil

FREUDE heißt Wonne. In der Mitte Stärke, außen Biegsamkeit, so fördert die Freude die Aufrichtigen. So gelangt man in Einklang mit der natürlichen Ordnung und wird der Menschlichkeit gerecht: Werden die Menschen auf freudige Weise geführt, so vergessen sie ihre Mühsal; werden Schwierigkeiten auf freudige Weise angegangen, so vergessen die Menschen den Tod. Das Wichtige an der FREUDE ist die Art, wie sie die Menschen ermutigt.

Das Bild

Verbundene Seen: das Bild der FREUDE. Edle Menschen vereinen sich, um voneinander zu lernen.

Die Wandlungslinien

1 *Yang.* Freude durch Übereinstimmung ist günstig. *Das Bild:* Das Günstige an der Freude durch Übereinstimmung ist, daß das Handeln keinen Zweifeln unterliegt.

Kommentar: Es handelt sich hier um eine selbstgenügsame Freude, die nicht äußerer Anlässe bedarf. Allerdings bleibt sie auch eher beschränkt auf die eigene Person. Dieser Freude haftet noch eine gewisse Unschuld an, denn sie ist noch ungetrübt von Sorgen und Zweifeln.

2 *Yang.* Freude durch Wahrhaftigkeit ist günstig; Reue schwindet. *Das Bild:* Das Günstige an der Freude durch Wahrhaftigkeit ist, daß man seinen Absichten vertraut.

Kommentar: Du gehst freudig auf Dinge und Menschen zu und triffst dabei auf Gutes und Schlechtes. Du kehrst dich ab von allem, was dir unzuträglich ist, und pflegst die Kontakte, die mit deinen innersten Grundsätzen vereinbar sind. Du hast dafür ein sicheres Gespür.

3 *Yin.* Erzwungene Freude, Unheil. *Das Bild:* Das Unheil an der erzwungenen Freude ist, daß sie sich am falschen Ort befindet.

Kommentar: Hier kommt die Freude nicht aus dem eigenen Inneren, sondern sie wird im Außen, in vielfältigen Zerstreuungen und Kontakten gesucht. Du machst dich von Dingen und Menschen abhängig und wirst doch nie wirklich satt. Darin liegt das Unheil.

4 *Yang.* Berechnete Freude bereitet Unwohlsein; weise sie strikt zurück, dann kannst du frohlocken. *Das Bild:* Die Freude für die Starken in dieser Stellung liegt darin, daß sie etwas zu feiern haben.

Kommentar: Du befindest dich in einer Zwickmühle: Auf der einen Seite Freuden und Verlockungen, die unmittelbare, aber auch oberflächliche Befriedigung versprechen; auf der anderen Seite Verbindungen zu Menschen oder Zielen, die langfristige, tiefe Freude bedeuten. Wichtig ist vor allem, daß du eine Entscheidung triffst. Du besitzt genügend innere Stärke dazu.

5 *Yang.* Gefahr, wenn man denen vertraut, die die Lage ausnutzen. *Das Bild:* Die Stellung ist genau richtig, so daß man auch denen vertrauen könnte, die die Lage ausnutzen.

Kommentar: Du stehst in Beziehung zu Menschen, die oberflächliche Freuden anzubieten haben und die Beziehung für ihre Interessen auszunutzen trachten. Mache dir die Gefahr bewußt, die darin steckt, und versuche, deinerseits Einfluß zu nehmen, anstatt zum Opfer der Situation zu werden.

6 *Yin.* Der Reiz erfreut. *Das Bild:* Für die Schwachen in dieser Stellung ist das Erfreuen durch Reize noch nicht der wahre Glanz.

Kommentar: Die Freude, von der hier die Rede ist, hat weder Kraft noch Tiefe. Sie beschränkt sich auf die Reizung der Sinne. Das Orakel läßt es offen, ob du selbst die Person bist, die andere zu verführen sucht, oder ob du einer verführerischen Situation gegenüberstehst.

59. Das Auflösen
HUAN

DAS AUFLÖSEN hat Erfolg; ein König gelangt zum Tempel. Fördernd ist es, große Flüsse zu überqueren und sich korrekt zu verhalten.

Das Urteil
DAS AUFLÖSEN hat Erfolg: Stärke kommt und ist unerschöpflich, Biegsamkeit findet außen ihren Platz, und nach oben findet Anpassung statt. Ein König gelangt zum Tempel, das bedeutet, daß der Herrscher nun in der Mitte ist. Fördernd ist es, große Flüsse zu überqueren, das deutet darauf hin, daß etwas erreicht wird, indem man dem Lauf des Flusses folgt.

Das Bild
Der Wind streicht über das Wasser: das Bild der AUFLÖSUNG. Die Könige von einst errichteten Tempel, um die Gottheit zu ehren.

Die Wandlungslinien
1 *Yin.* Günstig, wenn das Pferd, das zur Rettung verwendet wird, stark ist. *Das Bild:* Den Schwachen, die am Beginn stehen, bringt es Glück, wenn sie bereit sind zu folgen.

Kommentar: Etwas sollte aufgelöst werden, noch bevor es sich zusammenballt. Es kann sich dabei zum Beispiel um eine innere Blokkierung durch negative Gefühle oder um Mißverständnisse in der Kommunikation mit anderen handeln. Allein bist du allerdings zu schwach, um die »Rettung« zu bewerkstelligen. Nimm bereitwillig die Hilfe von stärkerer Seite, die dir angeboten wird, an.

2 *Yang.* Eile bei der Auflösung zur Unterstützung, dann schwindet die Reue. *Das Bild:* Bei der Auflösung zur Unterstützung eilen heißt, daß sich dein Wille erfüllt.

Kommentar: Es handelt sich darum, schwerwiegende Blockierungen aufzulösen, die das freie Fließen der Energien innerhalb einer Gruppe, einer Organisation oder einer Unternehmung behindern. Du stellst deine Kraft bewußt in den Dienst einer Person, die das Werk der Auflösung leitet.

3 *Yin.* Löse dein Ich auf, keine Reue. *Das Bild:* Dein Ich auflösen bedeutet, daß der Wille auf etwas anderes gerichtet ist.

Kommentar: Um eines großen Werkes willen ist es notwendig, deine persönlichen Interessen aufzugeben. Die Identifikation mit dem übergeordneten Ziel macht diesen Verzicht möglich.

4 *Yin.* Eine Schar zu zerstreuen ist sehr glück-

verheißend. Zur Zerstreuung gehört die Sammlung, aber nicht nach dem gewöhnlichen Verständnis. *Das Bild:* Eine Schar zu zerstreuen ist sehr glückverheißend, von erhabenem Glanz.

Kommentar: Um einer größeren Sache zu dienen, löst du dich aus der Schar der Freunde, aus der Familie oder aus einer anderen Gruppe. Dieses Opfer wird nicht ohne Konflikte erbracht, aber du hast erkannt, daß die wahre Sammlung – im größeren Zusammenhang gesehen – die Loslösung aus den engeren Verbindungen notwendig macht. Dieser Schritt ist außerordentlich glückverheißend.

5 *Yang.* Der laute Ruf erreicht alle in der zerstreuten Gemeinde; kein Makel, wenn der König trotz der Zerstreuung an seinem Platz weilt. *Das Bild:* Kein Makel, wenn der König verweilt, denn er ist am gebührenden Platz.

Kommentar: Die Person, die diesen Platz einnimmt, trägt eine schwere Verantwortung: Einerseits gehen von ihr die Impulse aus, damit notwendige Blockierungen aufgelöst werden, andererseits besitzt sie die Kraft, das, was sich in der Auflösung verlieren könnte, neu zu binden. Dabei kann es sich auch um einen großen Gedanken handeln, von dem die Kraft zur Integration ausgeht.

6 *Yang.* Löse das Blut auf, geh weit fort, dann

gibt es keinen Fehler. *Das Bild:* Das Blut auflösen bedeutet sich von Schaden fernhalten.

Kommentar: Die oberste Linie befindet sich
bereits außerhalb der eigentlichen Situation
der AUFLÖSUNG. Die hier geschilderte Person
heilt nur noch ihre Verletzungen aus und entfernt sich immer weiter von der gefährlichen
Situation. Sie sorgt auch dafür, daß die ihr
nahestehenden Menschen in Sicherheit kommen.

60. Das Begrenzen
DSIË

DAS BEGRENZEN hat Erfolg, doch soll man in schmerzhafter Begrenzung nicht fortfahren.

Das Urteil

DAS BEGRENZEN hat Erfolg, denn Festigkeit und Biegsamkeit sind gleich verteilt, und die Festigkeit ist in der Mitte. Man soll in schmerzhafter Begrenzung nicht fortfahren, denn das führt zu Erschöpfung. Freudig beim Durchschreiten der Gefahr, werde deiner Stellung gerecht, indem du Begrenzungen setzt, und meistere sie in Ausgewogenheit und Aufrichtigkeit. Die vier Jahreszeiten kommen zustande durch die Begrenzungen von Himmel und Erde. Wenn Maße durch (sinnvolles) Begrenzen festgelegt werden, so wird der Besitz nicht beschädigt, und die Menschen erleiden keinen Schaden.

Das Bild

Wasser über einem See: das Bild des BEGRENZENS. Edle Menschen schaffen Zahl und Maß im Hinblick auf tugendhaftes Verhalten.

Die Wandlungslinien

1 *Yang.* Wenn du den inneren Hof nicht verläßt, kein Makel. *Das Bild:* Den inneren Hof nicht verlassen heißt zu wissen, was Erfolg haben und was vereitelt wird.

Kommentar: Die Sache, in der du tätig werden möchtest, ist noch ganz am Beginn, die Türen sind sozusagen noch verschlossen. In dieser Lage ist es wichtig zu erkennen, was möglich ist und was nicht. Noch ist nicht die Zeit, um hinauszugehen, auch nicht mit Worten.

2 *Yang.* Den äußeren Hof nicht zu verlassen bringt Unheil. *Das Bild:* Das Unheil, das droht, wenn man den äußeren Hof nicht verläßt, besteht darin, daß man an die Zeit gebundene Gelegenheiten gründlich versäumt.

Kommentar: Im Gegensatz zur ersten Linie ist hier die Notwendigkeit des Handelns gegeben. Jedes Zögern über das rechte Maß hinaus wäre unklug; die Gelegenheit wird sich so schnell nicht wieder bieten.

3 *Yin.* Wenn du dir keine Begrenzungen auferlegst, so wirst du dies zu bedauern haben, doch trifft niemanden eine Schuld. *Das Bild:* Wenn du bedauerst, daß du dir keine Begrenzungen auferlegst, wen sollte da noch eine Schuld treffen?

Kommentar: Du bist in Gefahr, das rechte Maß zu verlieren oder hast es bereits verloren.

Übertriebene Fröhlichkeit und Vergnügungs-
sucht bringen dich in Schwierigkeiten. Zurückhaltung wäre angebracht. Siehst du deine
Fehler ein, ist die Sache damit bereinigt.

4 *Yin.* Stabile Begrenzung hat Erfolg. *Das Bild:*
Stabile Begrenzung hat Erfolg, denn sie bein-
haltet, daß man sein Handeln einem höheren
Prinzip unterstellt.

Kommentar: Stabile Grenzen zeichnen sich
dadurch aus, daß sie nicht ständig mit viel
Kraftaufwand gestützt werden müssen. Vielmehr entsprechen sie dem inneren Wesen einer
Sache. Du hast ein gutes Gespür für die natürlichen Grenzen, die dir gesetzt sind. Indem du
sie akzeptierst, kommen deine Bemühungen
ganz der Sache selbst zugute. Das führt unweigerlich zu Erfolg.

5 *Yang.* Angenehme Begrenzung ist günstig;
fortzufahren ist von Wert. *Das Bild:* Angenehme Begrenzung ist günstig, da man sich ausgeglichen in der Mitte befindet.

Kommentar: Deine Stellung erfordert es, daß
du anderen Begrenzungen auferlegen mußt.
Zwei Gedanken sind damit verbunden: Erstens, gehe mit gutem Beispiel voran, indem du
dir selbst Schranken auferlegst; zweitens, be-
grenze die Begrenzungen. Wahre die ausgewogene Mitte.

6 *Yin.* In schmerzhafter Begrenzung fortzufah-

ren bringt Unheil, doch schwindet die Reue.
Das Bild: In schmerzhafter Begrenzung fortzufahren führt zu Erschöpfung.

Kommentar: Hier hat das Begrenzen den
Gipfel erreicht und darf nicht weitergetrieben
werden, sonst wirkt es zerstörerisch. Dabei
kann es sich um erzwungene Askese oder ähn-
liche selbstzerstörerische Tendenzen handeln
oder um die Unterdrückung anderer. Es wäre
gut, sich einem vorhandenen, mäßigenden
Einfluß zu beugen.

61. Innere Wahrheit
DSCHUNG FU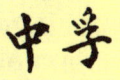

INNERE WAHRHEIT ist glückverheißend für die, die einfach sind im Geiste. Sie hilft, große Flüsse zu überqueren. Sie hilft den Aufrichtigen.

Das Urteil

Ist im Inneren Wahrheit, so ist Biegsamkeit innen, und feste Stärke erlangt Ausgewogenheit in der Mitte. Freudig und im Einklang, so wirkt Wahrhaftigkeit bildend auf das Land ein. Wenn gesagt wird, daß sie denen Glück verheißt, die einfach sind im Geiste, so bedeutet dies, daß die Wahrhaftigkeit selbst zu denen durchdringt, die einfachen Geistes sind. Sie hilft, große Flüsse zu überqueren, das heißt, es ist, als führe man in einem Boot, das sich unbeschwert vom Strom tragen läßt. Indem die INNERE WAHRHEIT den Aufrichtigen hilft, ist sie im Einklang mit dem Göttlichen.

Das Bild

Wind über einem See: das Bild INNERER WAHRHEIT. Edle Menschen fällen ihr Urteil wohlüberlegt und üben Nachsicht, wenn Hinrichtungen anstehen.

Die Wandlungslinien

1 *Yang.* Günstig ist beharrliche Konzentration; gibt es Ablenkung, so fühlst du dich unwohl. *Das Bild:* Für die Starken zu Beginn ist es günstig, beharrliche Konzentration zu üben; das bedeutet, der Wille schwankt nicht.

Kommentar: Alles, was du brauchst, findest du in dir. Lasse dich nicht durch andere in deinem Urteil oder in deinem Handeln beeinflussen, denn es würde dich in die Irre führen. Vertraue ganz deiner eigenen, inneren Wahrheit.

2 *Yang.* Ein rufender Kranich im Schatten; das flügge gewordene Junge kommt herbei. Wenn ich einen guten Becher habe, werde ich ihn mit dir trinken. *Das Bild:* Es entspricht dem innersten Herzenswunsch, daß das flügge gewordene Junge herbeikommt.

Kommentar: Was du sagst und tust, entspringt deinem innersten Wesen. Ohne groß in Erscheinung treten zu müssen, triffst du, wie von unsichtbarer Hand gelenkt, auf Sympathie, zunächst in deiner näheren Umgebung, dann in immer weiter werdenden Kreisen.

3 *Yin.* Triffst du auf Gegnerschaft, so magst du die Trommel schlagen oder innehalten, weinen oder singen. *Das Bild:* Daß es sein kann, daß du die Trommel schlägst oder innehältst, weist darauf hin, daß du deine Stellung nicht richtig zu handhaben verstehst.

Kommentar: Es mangelt dir an Selbstvertrauen, und du machst dich vom Urteil und der Anerkennung durch andere abhängig. Das bringt dich in ein ständiges Wechselbad der Stimmungen und Gefühle. Willst du diesen Zustand ändern, so wäre es gut, dich für die Arbeit am eigenen Selbst zu öffnen.

4 *Yin.* Ist der Mond fast voll, so ist der Verlust von Gefährten ohne Makel. *Das Bild:* Der Verlust von Gefährten bedeutet, daß man sich von seinesgleichen trennen muß, um sich nach oben zu wenden.

Kommentar: Die Hingabe an ein höheres Ziel, die Verbindung mit deiner wahren Quelle macht es notwendig, dich von alten Verbindungen und vertrauten Gewohnheiten zu trennen.

5 *Yang.* Wahrhaftigkeit zu besitzen, die in Bann schlägt, ist kein Makel. *Das Bild:* Wahrhaftigkeit zu besitzen, die in Bann schlägt, bedeutet, daß du deine Stellung richtig zu handhaben verstehst.

Kommentar: Die Stellung ist die einer verantwortlichen Persönlichkeit, und du füllst sie mit großer Souveränität aus. Da du über Einzelinteressen erhaben bist, vermagst du die Menschen zu einigen.

6 *Yang.* Versucht ein Huhn, zum Himmel emporzufliegen, so bringt beharrliches Weiter-

machen Unheil. *Das Bild:* Versucht ein Huhn, zum Himmel emporzufliegen, wie sollte das von Dauer sein?

Kommentar: Du unternimmst Höhenflüge, die mit deiner wahren Natur nicht vereinbar sind. Du weißt um die innere Wahrheit, vergißt aber, daß sie nur jeweils subjektiv lebbar und erfahrbar ist. Statt dessen versuchst du, sie zu verallgemeinern und in unbestimmte Bereiche hinein auszudehnen. So verlierst du dich selbst.

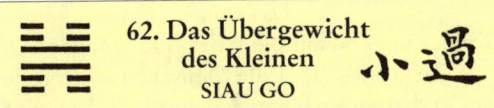

62. Das Übergewicht des Kleinen
SIAU GO
小過

Wenn das KLEINE das ÜBERGEWICHT hat, werden die Dinge mit Erfolg bewältigt; förderend ist Korrektheit. Das paßt zu kleinen Dingen, nicht zu großen. Der Ruf eines fliegenden Vogels sollte nicht emporsteigen, sondern nach unten streben; das ist sehr glückverheißend.

Das Urteil

DAS ÜBERGEWICHT DES KLEINEN bedeutet, daß das Kleine vorherrscht und die Dinge mit Erfolg bewältigt werden. Ein Übergewicht, das förderend ist für die Korrekten, bedeutet Handeln im Einklang mit der Zeit. Biegsamkeit ist in der Mitte; daher Glück in kleinen Dingen. Stärke ist fehl am Platz und unausgewogen, daher kein Glück in großen Dingen. Es ist das Bild eines fliegenden Vogels darin enthalten; der Ruf des fliegenden Vogels sollte nicht emporsteigen, sondern nach unten streben. Das wäre sehr glückverheißend, denn ein Emporsteigen ginge gegen den Strom, während das Streben nach unten mit dem Strom ginge.

Das Bild

Donner über einem Berg: das Bild von des KLEI-
NEN ÜBERGEWICHT. Edle Menschen legen in ihrem Verhalten ein Übergewicht auf die Ehrerbie-
tung, in Trauerfällen ein Übergewicht auf die
Traurigkeit und in ihren Bedürfnissen ein Übergewicht auf die Mäßigkeit.

Die Wandlungslinien

1 *Yin.* Ein fliegender Vogel gilt als unglückver-
heißend. *Das Bild:* Das schlechte Omen, das
ein fliegender Vogel bedeutet, bezieht sich auf
etwas, das nicht zu ändern ist.
Kommentar: Es besteht die Gefahr, daß du
dich von einem starken Einfluß mitreißen läßt
oder ein zu ehrgeiziges Ziel verfolgst. Es widerfährt dir ein Mißgeschick, demgegenüber
du machtlos bist.

2 *Yin.* Übergehst du die Ahnfrau, suchst aber
statt dessen die Mutter auf, oder kannst du den
Herrscher nicht erreichen, suchst aber statt
dessen den Minister auf, so gibt es keinen Makel. *Das Bild:* Kannst du den Herrscher nicht
erreichen, so kann der Minister nicht übergangen werden.
Kommentar: Um jetzt etwas zu erreichen, solltest du auf jeden Fall die Verbindung zu anderen suchen. Auch wenn diese Verbindungen
von eher bescheidener Art sind, so ist daran

nichts auszusetzen, da es eine Zeit ist, in der das Kleine vorherrschen soll.

3 *Yang.* Wenn du dich nicht außerordentlich vorsiehst, so wirst du möglicherweise von Verfolgern angegriffen. *Das Bild:* Es kann sein, daß du von Verfolgern angegriffen wirst; das ist ein Unglück; aber die Frage ist, was du dagegen tun kannst.

Kommentar: Wenn du zu sehr deiner Stärke und deinem Recht vertraust, könnte es sein, daß du entscheidende Einzelheiten übersiehst, die dich in einem unbedachten Augenblick einholen könnten. Es könnten Menschen oder Dinge sein, die du unterschätzt. Nur außergewöhnliche Vorsicht kann dich davor bewahren.

4 *Yang.* Du bist ohne Makel, wenn du nicht zu weit gehst. Droht beim Weitergehen Gefahr, so ist es zwingend notwendig, vorsichtig zu sein. Bleibe nicht vorsätzlich dauernd beharrlich. *Das Bild:* Daß du auf etwas triffst, ohne zu weit zu gehen, heißt, daß du nicht am gebührenden Platz bist. Droht beim Weitergehen Gefahr, so ist es zwingend notwendig, vorsichtig zu sein; schließlich kann es doch nicht ewig andauern.

Kommentar: Die Lage erfordert außerordentliche Zurückhaltung, gepaart mit Offenheit und Hingabe gegenüber einer übergeordneten

Person oder einem größeren Ziel. Nichthandeln ist das Gebot.

5 *Yin.* Dichte Wolken, kein Regen kommen von der eigenen westlichen Provinz. Ein Fürst schießt und fängt das Wild in seiner Höhle. *Das Bild:* Dichte Wolken, die nicht regnen, sind schon aufgestiegen.

Kommentar: Du bist berufen und befähigt, eine wichtige Aufgabe anzugehen, aber noch stehst du allein da. Bei der Suche nach Helfern solltest du dir genau klarmachen, wen du brauchst, ohne dabei auf Rang und Namen zu schauen. Du wirst sie eher unter den Namenlosen und im Verborgenen finden. Noch handelt es sich eher um ein Versprechen gemeinsamen Wirkens als um dessen Erfüllung.

6 *Yin.* Nicht treffen, zu weit gehen; das Unglück eines Vogels, der davonfliegt: Das nennt man Unheil. *Das Bild:* Nicht treffen, zu weit gehen beziehen sich darauf, daß man sich zu weit nach oben entfernt hat.

Kommentar: Die Ziele, die du dir gesteckt hast und denen du folgst, gehen völlig an der gegenwärtigen Wirklichkeit vorbei. Ehrgeiz oder Hochmut tragen dich davon. So gerätst du auf Abwege und in die Isolation. In Zeiten von DES KLEINEN ÜBERGEWICHT solltest du alle Aufmerksamkeit auf die kleinen und am nächsten gelegenen Dinge richten.

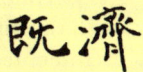

63. Nach der Vollendung
GI DSI

NACH DER VOLLENDUNG: Fördernd ist es, beharrlich korrekt zu sein. Was glückverheißend beginnt, könnte in einem wilden Chaos enden.

Das Urteil

NACH DER VOLLENDUNG: Fördernd ist es, beharrlich korrekt zu sein, das heißt, in der rechten Art und Weise und entsprechend der Lage fest oder biegsam zu sein. Ein Anfang ist glückverheißend, wenn die Biegsamkeit ausgewogen ist; wenn dies mit der Zeit nachläßt, so gibt es Chaos, denn der Weg des einzelnen gelangt zum Ende.

Das Bild

Wasser ist über dem Feuer: das Bild NACH DER VOLLENDUNG. Edle Menschen bedenken die Schwierigkeiten, um sie durch Voraussicht zu verhindern.

Die Wandlungslinien

1 *Yang.* Hemme deine Räder, dann wirst du, selbst wenn der Schwanz noch naß wird, keine Schwierigkeiten bekommen. *Das Bild:* Hemme deine Räder, dann werden sich keine Schwierigkeiten ergeben.

Kommentar: Nachdem etwas Wichtiges vollendet ist, solltest du dich nun in deinem Schwung bremsen. Es ist möglich, daß du von dem allgemeinen Fortschrittsdrang nicht ganz unberührt bleibst, so wie ein Fuchs, der über das Wasser gegangen ist, zum Schluß doch noch mit dem Schwanz hineingerät, aber das ist nicht weiter schlimm.

2 *Yin.* Verliert eine Frau ihren Kopfschmuck, so sollte sie ihm nicht nachjagen; nach sieben Tagen erhält sie ihn wieder. *Das Bild:* Ihn in sieben Tagen wiederzuerhalten bedeutet, den Weg der Ausgewogenheit und Mitte zu gehen. *Kommentar:* Dein klares Urteilsvermögen (»Kopfschmuck«) wird von den Menschen, die in vorgesetzter Stellung sind, verkannt. Strebe nicht danach, »es ihnen zu zeigen«, sondern warte geduldig ab, bis die Zeit deine Talente an den Tag bringt. Sieben Tage bedeutet einen vollständigen Durchgang durch alle sechs Linien, bis der Ausgangspunkt wieder erreicht ist.

3 *Yang.* Greift ein Kaiser ein Teufelsland an, so braucht er drei Jahre, um es zu erobern. Geringe Menschen dürfen dazu nicht verwendet werden. *Das Bild:* Daß er drei Jahre braucht, um es zu erobern, deutet auf Erschöpfung. *Kommentar:* Ein großes Vorhaben wurde vollendet, eine neue Ordnung wurde hergestellt.

Doch schon erkennst du mit klarem Blick die Faktoren, die von außen die Ordnung bedrohen. Du stellst dich ihnen energisch entgegen und verwendest fähige Menschen, die dich darin unterstützen. Die Arbeit ist aufreibend und langwierig, aber schließlich erfolgreich.

4 *Yin.* Halte dich den ganzen Tag mit Stoffetzen bereit, um Lecks zu stopfen. *Das Bild:* Den ganzen Tag bereit zu sein, bedeutet, daß es Grund zu Bedenken gibt.

Kommentar: Der Höhepunkt einer Entwicklung ist überschritten, und erste Zeichen des Verfalls werden sichtbar, wenn du äußerst wachsam bist. Noch kannst du dem Verfall durch Reformen gegensteuern.

5 *Yang.* Der geschlachtete Ochse des Nachbarn im Osten ist nicht so gut wie das kleine Opfer des Nachbarn im Westen, willst du wirklichen Segen empfangen. *Das Bild:* Das Schlachten eines Ochsen durch den Nachbarn im Osten ist nicht so zeitgemäß wie das Verhalten des Nachbarn im Westen. Wirklichen Segen empfangen heißt, daß das Glück in Fülle kommt.

Kommentar: Für eine Zeit des fast perfekten Gleichgewichts neigst du zu sehr zu Demonstrationen deiner Stärke und deines Reichtums. Solche Zeiten können nur dauern, wenn sie von innen durch echte Gefühle getragen werden. Daher sind kleine Dinge, die von Herzen kommen, um ein Vielfaches wertvoller als großartige Geschenke.

6 *Yin.* Mit dem Kopf ins Wasser geraten ist gefährlich. *Das Bild:* Mit dem Kopf ins Wasser geraten ist gefährlich: Wie lange kannst du das aushalten?

Kommentar: Ein wichtiger Übergang (über das »Wasser«) ist vollendet, und es wäre angebracht, mutig voran in die Zukunft zu schreiten. Statt dessen bleibst du stehen, um nostalgisch in die Vergangenheit zurückzublicken oder eitle Selbstbespiegelung zu treiben. Auf diese Weise gerätst du mit dem Kopf noch einmal ins Wasser, das heißt in Gefahr.

 **64. Vor der Vollendung** WE DSI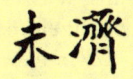

VOR DER VOLLENDUNG: ein junger Fuchs, der den Übergang fast vollzogen hat; gelangt er mit dem Schwanz ins Wasser, so ist nichts gewonnen.

Das Urteil

VOR DER VOLLENDUNG: Die Biegsamkeit ist ausgewogen. Ein junger Fuchs, der den Übergang fast vollzogen hat, bedeutet, daß man die ausgewogene Mitte nicht verlassen hat. Gelangt er mit dem Schwanz ins Wasser, so ist nichts gewonnen; das bedeutet, daß man (den Übergang) nicht konsequent vollendet. Es handelt sich um eine Lage, in der Festigkeit und Biegsamkeit einander entsprechen, obwohl sie nicht auf den gebührenden Plätzen sind.

Das Bild

Feuer ist über dem Wasser: das Bild VOR DER VOLLENDUNG. Edle Menschen üben Besonnenheit im Unterscheiden der Dinge und halten sie an ihrem jeweiligen Platz.

Die Wandlungslinien

1 *Yin.* Mit dem Schwanz ins Wasser geraten, das ist beschämend. *Das Bild:* Mit dem Schwanz

ins Wasser zu geraten heißt, daß man noch nicht einmal seine Grenzen kennt.

Kommentar: Der Übergang aus einer verworrenen Situation in die Ordnung erfordert Erfahrung und Umsicht. Doch noch bist du ein unerfahrener junger Fuchs und neigst dazu, zu rasch und unüberlegt zu handeln. Da du die Konsequenzen deines Tuns nicht einschätzen kannst, bringst du dich damit in Gefahr. Der Rat: Handle nicht!

2 *Yang.* Die Räder hemmen; fördernd ist es, beharrlich und wahrhaftig zu sein. *Das Bild:* Für das Starke in dieser Stellung bedeutet beharrliche Wahrhaftigkeit, die fördernd ist, daß man korrekt aus der Ausgewogenheit der Mitte heraus handelt.

Kommentar: Noch ist der Zeitpunkt zum Handeln nicht gekommen. Du bist dir dieses Umstands bewußt und verstehst es zu warten. Es handelt sich um ein »aktives« Warten, bei dem du innerlich die Kräfte sammelst, die du später für den Übergang in eine neue Ordnung brauchst. Behalte dabei beharrlich dein Ziel im Auge.

3 *Yin.* Weitermachen vor der Vollendung bringt Unheil, doch wird es von Nutzen sein, große Flüsse zu überqueren. *Das Bild:* Weitermachen vor der Vollendung bringt Unheil, da die Lage nicht stimmt.

Kommentar: Obwohl die Zeit für den Übergang da ist, mangelt es dir an der nötigen Fähigkeit und Kraft, ihn zu vollenden. Versuche nicht, etwas zu erzwingen. Schaffe eine neue Ausgangslage, indem du dir Rat und Unterstützung bei erfahrenen Menschen suchst. Gemeinsam mit ihnen wird es dir gelingen, den Übergang zu verwirklichen (»große Flüsse zu überqueren«).

4 *Yang.* Fördernd ist es, integer zu sein; dann schwindet die Reue. Mache dich auf, eine Teufelsbande anzugreifen; in drei Jahren wirst du mit einem großen Reich belohnt. *Das Bild:* Fördernd ist es, integer zu sein, denn die Reue schwindet; das geschieht, wenn ein Wille verwirklicht wird.

Kommentar: Nun ist die Zeit, den Übergang entschlossen zu vollziehen. Dabei ist der Kampf gegen alles nötig, was noch zur alten Ordnung gehört. Es heißt, entschlossen Abschied zu nehmen von Illusionen und alten Ängsten, von allem, was unecht ist. Der Lohn für diese Mühe wird dein eigenes »großes Reich« sein.

5 *Yin.* Glückverheißend ist es, integer zu sein; keine Reue. Ist der Glanz edler Menschen wahrhaftig, so ist dies glückverheißend. *Das Bild:* Der strahlende Glanz edler Menschen ist glückverheißend.

Kommentar: Dank des entschlossenen Kampfes, von dem in der vierten Linie die Rede ist, hast du den entscheidenden Sieg errungen. Du bist von neuer, strahlender Klarheit erfüllt. Da du in verantwortlicher Stellung bist, werden sich die Menschen freudig um dich sammeln.

6 *Yang.* Weintrinken im Vertrauen, kein Makel, doch wenn du dir den Kopf damit begießt, so ist das Vertrauen nicht mehr gerechtfertigt. *Das Bild:* Dir den Kopf mit Wein zu begießen bedeutet unmäßig sein.

Kommentar: Die Zeit der Kämpfe ist vorüber, und du kannst zu Recht Vertrauen haben, daß die neue Zeit kommen wird. Das ist Grund genug, sich mit Freunden zusammenzutun und zu feiern. Hüte dich davor, dir durch übermäßigen Weingenuß die Sinne zu vernebeln, denn du brauchst große Klarheit für das, was kommt.

TABELLE
ZUM AUFFINDEN DER
HEXAGRAMME

oberes Trigramm ⇒ / unteres Trigramm ⇓	HIMMEL	SEE	DONNER
HIMMEL	1	43	34
SEE	10	58	54
DONNER	25	17	51
FEUER	13	49	55
ERDE	12	45	16
BERG	33	31	62
WASSER	6	47	40
WIND	44	28	32

☲ FEUER	☷ ERDE	☶ BERG	☵ WASSER	☴ WIND
14	11	26	5	9
38	19	41	60	61
21	24	27	3	42
30	36	22	63	37
35	2	23	8	20
56	15	52	39	53
64	7	4	29	59
50	46	18	48	57

Literaturempfehlungen

Anthony, Carol K.: *Handbuch zum klassischen I Ging.* München 1989.

Anthony, Carol K.: *Meditationen zum I Ging. Der andere Weg zum Verständnis der Orakeltexte.* München 1993.

Blofeld, John: *I Ging. Das große Weisheits- und Orakelbuch der alten Chinesen.* München 1983.

Damian-Knight, Guy: *I Ging für Manager. Entscheidungsfindung und Unternehmensstrategie mit dem alten chinesischen Orakel.* München 1993.

Diederichs, Ulf (Hrsg.): *Erfahrungen mit dem I Ging. Vom kreativen Umgang mit dem Buch der Wandlungen.* München 1984.

Engler, Friedrich K.: *Die Grundlagen des I-Ching. Leben, Lebensgesetze, Lebensordnung.* Freiburg i. Br. 1987.

Fiedeler, Frank: *Die Monde des I Ging. Symbolschöpfung und Evolution im Buch der Wandlungen.* München 1988.

Govinda, Lama Anagarika: *Die innere Struktur des I Ging.* Freiburg i. Br. 1983.

I Ging. Das Buch der Wandlungen. Aus dem Chinesischen übertragen und erläutert von Richard Wilhelm. Düsseldorf, Köln 1956.

Schönberger, Martin: *Verborgener Schlüssel zum Leben. Weltformel I-GING im genetischen Code.* Bern und München 1973.

Walter, Katya: *Chaosforschung, I Ging und Genetischer Code. Das Tao des Chaos.* München 1992.

Wilhelm, Hellmut: *Sinn des I Ging.* Düsseldorf, Köln 1972.

Wing, Rita L.: *Das Arbeitsbuch zum I Ging.* Düsseldorf, Köln 1980.

Wing, Rita L.: *Das illustrierte I Ging.* München 1987.

Yi Jing. Das Buch der Wandlung. Neu übersetzt von Gia Fu Feng. Zürich, München 1991.

Yüan-Kuang, Meister: *I Ging. Das Buch der chinesischen Weissagung.* Bern, München, Wien 1951 und 1975.